보고 싶다 친구야

김정식 에세이

프롤로그

돌아보면 아름답지 않은 추억 없고
살아보니 그립지 않은 옛친구 없네

누구나 가슴 한 켠에는 그리움을 담고 살아가고 있습니다. 가슴속에서 오랫동안 영글어 별이 된 그리움을 하나씩 하나씩 꺼내어 닦아 봅니다. 어떤 것은 보석이 되고 어떤 것은 눈물이 됩니다.

언제나 보석처럼 빛나던 그리움은 미소 가득한 즐거움으로 밀려오고, 가슴 깊숙이 파묻어 놓았던 눈물은 가슴 시린 아픔으로 다가옵니다.

이 책은 생활 속에서 흔히 경험하는 평범하고 소소한 일상을 잔잔하게 소개하는 내용을 담고 있지 않습니다. 나와 친구들이 직접 경험한 무수히 많은 삶의 조각 중에서 재미있는 에피소드와 아련한 추억을 용기 내어 세상 밖으로 펼친 것입니다.

글 쓰는 전문가가 아니라서 감동을 줄 수준은 되지 않지만 재미는 있어야 한다는 생각으로 글을 썼습니다.

재미의 가장 밑바탕은 글 소재의 사실성과 글쓴이의 진실성에 있다고 생각합니다. 책에 소개한 70개의 에피소드는 사실에 기반을 두고 약간의 상상력을 가미하였습니다.

어쩌면 이 책은 나의 자서전일 수도 있습니다.

살면서 마음속 울림으로 실제 경험한 것들이고, 함께 동고동락하며 나의 삶에 영향을 미친 친구들의 삶이 녹아 있기 때문입니다.

시야를 조금 넓혀보면 나와 동시대를 살았던 사람들에게는, 정도의 차이는 있겠지만 함께 공감할 수 있는 우리들의 이야기입니다.

책을 읽는 분들의 가슴속에 자리 잡고 있는 소중한 추억을 꺼내 보는 계기가 되고, 보고 싶은 옛친구를 떠올리는 시간이 되기를 바라며, 나아가 현재를 살아가며 새로운 추억을 만들고 있는 청춘들에게는 앞으로 만들어갈 추억에 이 글들이 약간의 참고가 되기를 희망합니다.

그리고 오랜 세월 함께 살면서 나의 부족한 부분을 채워준 동반자 정소영에게 감사와 사랑을 보냅니다.

목 차

프롤로그

제1부 보고 싶다, 친구야

1. 먼저 인간이 되자 ················· 15
2. 과수원 사과보다 텃밭 사과가 더 맛있다 ········ 19
3. 학생회장이 되어야 하는 이유 ············ 23
4. 절밥 먹어 보셨어요? ················ 26
5. 공부 못하는 아이가 부자가 된다 ·········· 29
6. 그는 범생이가 아니다 ··············· 32
7. 수학여행과 아픈 추억 ··············· 37
8. 영화 속에 답이 있다 ················ 41
9. 홀로 도시로 간 친구 ················ 45
10. 삼국지에서 환생한 장비 ············· 50
11. 보고 싶은 친구 ·················· 55
12. 스님이 된 경찰관 ················· 59

13. 미인박명(美人薄命) ················ 62
14. 총알보다 빠른 사나이 ················ 66
15. 학교짱의 흥망성쇠 ················ 71
16. 억울합니다 ················ 74
17. 나이 어린 손위 처남과의 기싸움 ················ 77
18. 순간의 선택이 인생을 좌우한다 ················ 81
19. 일대일, 멧돼지와 대치하다 ················ 84
20. 음치 아빠와 가수 딸 ················ 87
21. 늦둥이가 더 행복하다 ················ 90
22. 꿀알바 구하는 비법 ················ 94

제2부 사랑은 아름다워라

23. 첫사랑 소녀의 야반도주 ················ 101
24. 목숨 걸고 이룩한 사랑 ················ 106
25. 음식을 맛있게 잘 먹는 여자가 좋다 ················ 110
26. 이제는 말할 수 있다 ················ 114
27. 같은 경험 다른 추억 ················ 118

28. 첫사랑은 잊어 주세요 ·················· 122
29. 별이 된 남자친구를 잊지 못하는 여학생 ····· 125
30. DJ 박스 안의 이쁜 여학생 ···················· 129
31. 로또 1등 당첨보다 낮은 확률이 발생했다 ··· 133
32. 그 아주머니는 이혼했을까? ················ 138
33. 신혼 첫날밤에 생긴 일 ···················· 142
34. 하숙집 아줌마에서 장모님으로 ················ 145
35. 이런 전화 경험 있으시죠 ···················· 150
36. 바람난 남편 고쳐서 쓸 수 있나요? ············· 154

제3부 세상은 요지경, 인생은 새옹지마

37. 가지 않은 길 ································· 161
38. 대기업 사장의 우산 절도 혐의 ···················· 165
39. 사병의 월급이 많이 올라 불만인가요? ········ 168
40. 교장 선생님의 고민 ··························· 171
41. 무지개가 내리는 마을 ························ 175
42. 고향 어른들이 싫었는데 좋아졌다 ············· 178

43. 돌고 도는 물레방아 인생 ················· 181
44. 운칠기삼(運七技三) ···················· 185
45. 대형마트, 아! 옛날이여 ················· 190
46. 검은색 버스를 본 적이 있나요? ·········· 193
47. 왜 혼자만 열심히 일하나? ··············· 197
48. 입사 시험과 행운 ······················ 200
49. 어떻게 이해해야 하나요? ··············· 204
50. 군대를 두 번 간 남자 ·················· 208
51. 꼬리 자르기 ·························· 211
52. 한국인이 왜 한국말을 하지 않을까? ········ 215
53. 국제 사회는 깡패 사회다 ··············· 218
54. 중국을 만만하게 보면 안돼요 ············ 221

제4부 살다 보니 이런 일도 있네요

55. 지네에게 물리면 얼마나 아픈가요? ········ 229
56. 고향의 5일장 추억이 사라졌다 ··········· 233
57. 엄마 이제 그러지 않으셔도 됩니다 ········ 238

58. 용의 분노 ················ 241
59. 조언을 구합니다 ················ 245
60. 상대성 이론 ················ 249
61. 나이 들수록 시간이 빨리 가는 이유 ············ 253
62. 거위 오리 닭의 서열 ················ 257
63. 죽음의 문턱까지 가 본 경험 ················ 261
64. 조합장 선거 1표차로 낙선하다 ················ 265
65. 당신 가방끈은 뭐야? ················ 270
66. 독일 남녀 혼탕 사우나 체험기 ················ 274
67. 비행기 추락 공포 ················ 278
68. 장남의 반란 ················ 283
69. 말로만 듣던 손 기술 ················ 287
70. 이런 골프장도 있네요 ················ 291

제1부 보고 싶다, 친구야

먼저 인간이 되자

'먼저 인간이 되자'

이 문구가 어울리는 곳이 어디라고 생각되나요? 대부분 교도소나 구치소 벽면에 걸려 있을 것이라고 생각하겠지만 저희 고등학교 3학년 교실 칠판 위에 걸려 있던 급훈이었다.

다른 반들의 급훈은 이랬다.

'최선을 다하자'
'하면 된다'
'일신우일신(日新又日新)'

열심히 공부하여 좋은 대학에 가야 하는 고3 학생들에게 특이한 급훈을 만들어 주신 분은 담임선생님이셨다. 선생님은 스스로도 언행일치하시고 바른 생활하시는 분이셨는데 제자들이 공부를 잘하는 것보다 바른 사람이 되어야 인생을 잘 살 수 있다고 가르치셨다.

그렇다고 학습지도를 소홀히 하신 것도 아니었다. 선생님께서는 연습장으로 사용할 수 있는 8절지를 사비로 사서 학생들에게 매일 1장씩 나누어 주시고는 쉬는 시간 또는 야간 자습 시간에 영단어 암기, 수학 문제 풀이 등으로 빈 여백이 없도록 적어서 내라고 하셨다.

80년도 초반 시골에는 경제적으로 어려운 학생들이 많았다. 점심 도시락을 가지고 오지 못한 학생에게는 선생님 도시락을 나누어 주셨던 마음이 따뜻한 분이셨다.

이런 일도 있었다.

매년 한 번씩 헌혈차가 학교로 찾아와 학생들에게 헌혈을 요청하였다. 학급마다 헌혈 목표 건수가 있는 것은 아니지만 모든 것(공부, 운동, 폐품 수집 등)이 학급별 경쟁이 되다 보니 다른 반보다 건수가 적을 경우 자존심이 상할 수 있었고, 선생님의 경우 교무회의에서 교감

선생님의 지적을 받을 수도 있었다.

 헌혈차가 오는 날 아침 조회 시간에 선생님은 우리 반 학생들에게 이렇게 말씀하셨다.

"다른 반 신경쓰지 말고 헌혈을 하고 싶은 사람 외에는 헌혈하지 않아도 된다."

 선생님께서 그런 말씀을 하셔서 그런지 우리 반의 헌혈자수가 다른 반에 비해 현저히 적었다.

 졸업 후 세월이 한참 흐른 뒤 선생님께 당시 왜 그런 말씀을 하셨는지 여쭈어보자 선생님은 웃으며 말했다.

"김치 반찬으로 도시락 2개를 싸 와서 잘 먹지도 못하면서 밤늦게까지 공부하는 너희들이 헌혈까지 해서 몸 상할까 봐서 그랬어."

 선생님의 가르침에 따라 우리 반 친구들 중에서 인간이 된 사람이 얼마나 있는지는 알 수 없지만, 졸업한 지 수십 년이 지난 지금도 졸업생들이 선생님을 찾아뵙고 있다.

 가슴속에 존경하는 스승이 있다는 것은 인생이라는 망망대해에서 나침반을 가지고 있는 것과 같다.

과수원 사과보다 텃밭 사과가 더 맛있다

사과나무 수백 그루를 전문으로 키우는 과수원을 운영하는 친구가 있다. 친구는 사과를 좋은 품질로 생산하여 좋은 가격에 판매하기 위해 많은 노력을 기울인다. 그가 하는 수많은 작업 중 대표적인 것 몇 가지를 소개한다.

- 병충해를 예방하기 위해 농약을 뿌린다.
- 사과 아래쪽에도 햇빛을 잘 받도록 반사판을 설치한다.
- 한 그루당 적정수의 사과가 열리도록 가지치기 작업을 한다.
- 사과를 더 맛있게 만들기 위해 거름과 영양제를 준다.

- 새들로부터 사과를 보호하기 위해 그물망, 퇴치 도구를 설치한다.

이런 노력과 정성으로 그의 사과는 색깔이 붉어 먹음직스럽고, 모양도 둥글어 예쁘고, 크기도 커서 보기 좋고, 표면도 매끈하여 맛있어 보인다.

한편 텃밭에 사과나무 대여섯 그루를 키우는 친구가 있다.

그는 사과나무를 거의 관리하지 않는다. 그래서 벌레들이 사과를 파먹고 새들이 쪼아먹어 제대로 자라지 못한다. 올해 사과가 익었을 무렵에는 사람의 보호 없이 스스로 자연의 고난을 이겨낸 사과들만 한 그루당 이십 개 정도 남았다. 달려 있는 사과도 상처가 있거나 생김새와 색깔이 곱지 않았다.

그 친구가 텃밭에서 기른 무, 배추와 함께 사과 서너 개를 가지고 왔다. 그 당시 과수원 친구의 사과를 먹고 있었는데 볼품없는 텃밭 사과에는 손이 가지 않았다.

며칠을 먹지 않고 미루다가 가져다준 성의를 생각해서 한 개를 먹어 보았는데 과수원 사과와는 맛이 많이 달랐다.

과수원 사과는 익숙하고 정형화된 맛으로 약간은 밋밋한 측면이 있었지만 텃밭 사과는 신맛과 단맛이 조화를 이루는 새롭고 끌리는 맛이었다. 그 후로 텃밭 사과 맛이 계속 생각나 친구 텃밭에 가서 두 번이나 사과를 더 따 먹었다.

친구 태식이는 다른 친구들보다 부모님의 보살핌이 모자랐고 교육도 덜 받았지만 텃밭 사과 같은 매력이 있다.

홀어머니와 함께 어렵게 생활했지만 성격이 낙천적이고 쾌활했던 태식이는 공부보다는 친구들과 어울려 놀기를 좋아했다. 그는 대학을 가지 않고 일찍 사회생활을 시작하여 옷 가게, 비디오 대여점, 택시 기사, 탁구장, 당구장 등 여러 가지 직업을 경험했다. 이른 나이에 결혼하여 딸바보 아빠로 살고 있는 그의 주변에는 항상 친구들이 모여든다.

그를 만나면 언제나 즐겁다. 다른 친구들보다 세련되지 않고 논리적인 면은 부족하지만 정겹고 구수한 말투로 새롭고 재미있는 얘기를 계속 만들어낸다. 심지어 재미없는 얘기도 그의 입담을 통하면 재미있다.

사람이든 과일이든 겉으로 보이는 것이 전부가 아니다. 안락한 환경과 많은 보호 속에서 성장한 것보다 비와 바람을 맞으며 혼자 힘으로 성장한 과일과 사람이 더 매력적인 경우를 종종 보게 된다.

학생회장이 되어야 하는 이유

고등학교 학생회장 선거 후보자에 누구도 예상하지 못한 학생이 나왔다. 공부를 잘하는 것도 아니고, 운동을 잘하는 것도 아니고, 학생들 사이에 인기가 많은 것도 아니고, 부잣집 아들도 아니고, 어느 것 하나 내세울 것 없는 키 작고 못생긴 그가 쟁쟁한 후보들 사이에서 초라해 보였다.

　선거는 전교 1, 2, 3학년 각 반의 반장들이 모여 학생회장을 뽑는 방식이었다. 그는 모든 반장들을 1명씩 찾아가 진심 어린 눈빛으로 누구도 예상하지 못한 말을 했다. 상처받기 쉬운 십대 청소년의 자존심을 접고 곤란한 그의 처지를 호소했다.

"집이 가난하여 학비를 낼 수 없는 상황으로 학생회장

이 되어 장학금을 받아야 학교를 계속 다닐 수 있으니 도와 달라"

그가 아기일 때 아버지께서 사고로 돌아가시고, 생계를 책임지시던 어머니마저 초등학교 때 갑자기 병으로 돌아가신 후 할머니의 보살핌으로 삼남매가 어렵게 생활하고 있었다.

중·고등학교 동안 새벽에 우유와 신문을 배달하여 받은 돈을 생활비에 보탰다. 물론 그의 선거공약도 있었는데 내용은 다른 후보 학생들과 특별히 다른 것은 없었다.

그의 절박함과 진정성이 통하여 많은 표차로 학생회장이 된 그는 모두가 꺼리는 힘들고 생색나지 않는 일을 앞장서서 실천하였다.

- 무더운 여름과 추운 겨울의 교내외 봉사활동
- 어려운 학생 집 방문하여 돕기

- 탈선한 친구 찾아가서 상담하기

　학생들뿐만 아니라 선생님들도 그가 진정으로 솔선수범하는 모습에 칭찬을 아끼지 않았다.

　내가 아는 한 그는 가장 열심히 일한 멋진 학생회장이었다. 감수성이 예민한 청소년 시기에 가난을 당당히 밝히고 열심히 살았던 그의 용기에 찬사를 보낸다.

　친구야 보고 싶다!!!

절밥 먹어 보셨어요?

요즈음 사찰에 며칠 또는 1주일 정도 머물며 자신을 되돌아보고 심신을 수양하는 사찰 체험(템플스테이)에 많은 사람들이 참여하고 있다. 예불, 참선, 산책, 다도 등 템플스테이의 여러 가지 프로그램 중에서도 공양(식사)에 대한 경험은 참여한 많은 사람들에게 기억에 남는 화젯거리가 된다.

나에게도 잊을 수 없는 절 공양이 있다.

30년 전에 공부하는 학생들 사이에서 제법 유명한 사찰에 여름방학을 이용하여 공부하러 간 적이 있었다. 절에는 스님 두 분과 식사를 담당하는 보살 한 분이 계셨고 외부인은 주로 국가고시와 자격증 공부를 하는 사람들이었다.

이 절은 발우공양(자기가 먹을 수 있는 양만큼 덜어서 식사하는 것)을 하고 있었고, 식기로 밥과 반찬을 한꺼번에 담는 냉면 그릇 크기의 큰 그릇 하나와 국을 담는 작은 그릇 하나를 주었다.

식사 규칙은 음식을 남기지 말아야 하며 식기는 식사 후 따로 세척하는 것이 아니라 반찬과 국, 물 등을 이용하여 깨끗하게 마무리 사용하고 두었다가 다음 식사 시 사용하는 것이었다. 식기를 세척하지 않고 재사용하는 것은 어차피 내가 먹은 것이므로 참을 만했지만 음식을 남기기 않는 규칙을 준수하는 것은 매우 힘들었다.

음식을 많이 담았는데 예상만큼 맛이 없을 경우 남기지 말고 먹어야 해서 고역이고, 그렇다고 음식을 조금 담으면 배가 고파 힘들었다. 간식 등 따로 먹을 것이 없는 산속에서 한창 먹어야 하는 혈기 왕성한 20대에게 식사 시간은 매우 기다려지는 시간이었지만 절밥은 기본적으로 조미료를 사용하지 않고 간이 슴슴하여 세속에 젖은 입맛에는 잘 맞지 않았다.

　절에 들어온 지 며칠 지나지 않은 어느 무더운 여름날, 점심으로 콩국수가 나왔다. 이전에 콩국수를 먹어본 경험이 없었지만 짜장면, 냉면 등 면요리를 좋아했던 나는 콩국수를 담을 때 설레일 정도였다. 배가 많이 고팠고 시원한 콩국수라 많이 먹을 수 있을 것 같아 그릇 두 개에 가득 콩국수를 퍼 담았다.

　그런데 콩국수는 내가 예상했던 것만큼 맛있지 않았고 반 정도 먹었을 때부터 내 몸이 거부 반응을 보였다. 음식을 남길 수 없어 억지로 콩국수를 다 먹고 공부방으로 돌아왔을 때 속이 부글거리기 시작하였다. 오후에 수차례 화장실을 들락거렸고 저녁식사도 할 수 없었다.

　지금은 아련한 추억이 되었지만 아직도 나는 콩국수를 먹지 않는다.

공부 못하는 아이가 부자가 된다

홍수의 고등학교 시절 성적은 중간 정도였다. 공부로는 성공할 수 없다고 판단한 그는 작은 대학의 식품 관련 학과로 진학하였고, 대학 시절 내내 제과, 제빵업계에서 아르바이트를 하며 실력을 키울 정도로 그는 일찍 진로를 결정하였다.

졸업 후 개인 제과점에 취업하였는데 다른 직원보다 열심히 근무하는 그를 좋아하던 사장이 가게를 그에게 넘기면서 그의 사업은 시작되었다.

맛있고 건강한 빵과 과자를 만들겠다는 남다른 열정으로 노력한 결과, 지금은 많은 사람들이 그의 브랜드를 좋아하고 있으며 여러 개의 직영 매장을 운영하고 있다.

50살이 넘은 분이라면 주변 친구를 살펴보세요. 부자

인 친구가 학창 시절 공부를 잘했던 친구인가요? 그렇지 않은 친구인가요? 부자인 친구 중에는 공부를 잘하지 못했던 친구가 더 많을 겁니다. 왜 그럴까요?

공부를 잘하지 못했던 친구 중에서 부자가 더 많이 나오는 이유는 다음과 같다고 생각합니다.

첫째, 인원수(확률)에서 차이가 있다.

공부를 잘한다는 기준은 사람에 따라 다르지만 일반적으로 상위 10% 또는 상위 20% 이내 학생을 생각한다. 단순하게 확률적으로 볼 때 10(20)명과 90(80)명 중 부자가 더 많이 나오는 쪽은 명확하다.

둘째, 인생 진로에 차이가 있다.

공부를 잘하는 학생은 대기업, 공기업, 교사, 공무원 등 처우 수준이 좋거나 안정된 직장으로 많이 간다. 이들은 사회적으로 인정받으며 중산층의 안정적인 생활을 할 수 있기 때문에 리스크가 따르는 도전을 좋아하지 않는다. 경제적으로 여유 있는 생활을 하지만 부자가 되기는 어려운 것이다.

공부를 잘하지 못하는 학생은 대학을 진학하지 못하거나, 인기가 없는 대학에 진학한다. 그러다 보니 기술을 배우거나 장사를 하는 방향으로 많이 진출하게 된다. 그리고 배운 기술을 바탕으로 조그만 사업을 시작하거나 장사를 통해 배운 노하우로 점차 사업을 키워가는 경우가 많다.

물론 그들 중 대부분의 사람은 부자가 되지 못하지만 소수의 사람은 어려운 과정을 극복하고 부자가 된다. 공부를 잘하지 못했던 학생이 나중에 부자가 되어 사회에 기부하고 친구들에게 베풀 줄 아는 사람은 더 멋있게 보인다.

홍수도 그런 친구다.

그는 범생이가 아니다

중고등학교 시절 공부 잘하는 범생이 하면 어떤 외모와 성격이 떠오르나요? 많은 사람이 도수 높은 두꺼운 검정색 뿔테 안경을 끼고 항상 책을 가까이하는 소심한 성격을 가진 학생을 상상할 겁니다.

 범생이인 듯 범생이가 아닌 친구가 있었다. 지용이의 외모는 전형적인 범생이 스타일이었으나 성격은 범생이와는 달리 털털하고 사교적이며 대범하였다. 그는 공부 잘한다고 우쭐대거나 거들먹거리지 않았고 모든 급우들과 친하게 지내며 어려운 친구들을 돕는 멋진 친구였다.

 간혹 교실 내에서 껄렁껄렁한 친구가 약한 친구를 심하게 놀릴 경우 그가 웃으며 다가가 말리면 놀리던 친구는 대충 마무리하고 넘어갔다. 힘센 친구들도 일반적인 범생이 친구들과는 다른 지용이에게는 함부로 대하지 않았다.

그는 서울의 유명 대학 전기공학과를 졸업하고 대기업 취업과 동시에 결혼하여 두 딸을 낳아 행복하게 살고 있었는데 그의 인생에 전혀 예상하지 못했던 커다란 변곡점이 서서히 찾아오고 있었다.

그에게는 호주에서 대학을 졸업하고 정착하여 살고 있는 누나가 있었다. 여름휴가를 이용하여 여행 겸 누나를 보러 호주를 처음 방문했을 때 그와 와이프는 호주의 매력에 푹 빠졌다.

그때까지 살면서 한국에서 느껴보지 못한 자유로움과 평안함을 경험하였고, 한국으로 돌아오면 또 가고 싶은 강한 열망에 사로잡혔다. 그래서 2~3년마다 호주에 갔었고, 와이프는 점점 더 호주의 매력에 빠져 호주에 살고 싶다는 말까지 하곤 하였다.

두 딸이 초등학교 고학년이 되었을 때 와이프와 딸들

은 호주로 유학을 떠났고 그때부터 그는 이역만리 가족들에게 학비와 생활비를 보내는 기러기아빠 생활을 시작하게 되었다. 그리고 큰딸이 대학에 들어갈 무렵 그는 중요한 선택의 기로에 놓이게 된다. 와이프와 두 딸은 향후 귀국하지 않고 호주에서 계속 살고자 희망하였고, 지용이에게도 한국 생활을 정리하고 호주로 오라고 요청한 것이다.

당시 40대 중반으로 대기업에서 안정적인 직장 생활을 하고 있던 그는 깊은 고민에 빠진다. 한국의 안정된 직장을 포기하고 호주로 갈 것인가? 호주에 가면 무엇을 해서 먹고 살 것인가? 호주에 가지 않는다면 앞으로 언제까지 기러기아빠 생활을 계속해야 하는가? 가족과 떨어져 혼자 사는 게 의미가 있나?

결국 그는 한국의 안정적인 직장 생활보다는 가족과 함께하는 삶을 선택한다. 그런데 그가 가지고 있는 국내 전기 관련 자격증과 경력은 호주에서 직업을 얻는 데 아무런 도움이 되지 않기에 호주 정착을 위해 용접 기술을 배우기로 결심한다.

 아들이 안정된 직장을 그만두고 용접 기술을 배워 호주로 가겠다는 얘기를 들은 부모님은 극구 반대하였으나 '자식 이기는 부모는 없다'는 말처럼 지용이의 결심을 꺾지는 못하였다.

 호주로 가기 위해 적지 않은 나이에 그가 위험하고 힘든 용접 기술을 배우고 있다는 얘기가 친구들에게 전해졌을 때 이해가 안된다는 의견이 많았다.

 밝고 낙천적인 성격을 가진 지용이지만 사무실 책상에서만 근무했던 그가 용접 기술을 배우기에는 체력적 인내가 필요하였고, 특히 용접할 때 발생하는 냄새와 연기는 견디기 힘들었다. 그럼에도 불구하고 가족과 함께 생활할 수 있다는 희망으로 열심히 용접 기술을 익혔다.

 그가 호주로 떠난 지 10여 년이 지났다. 아빠의 사랑을 듬뿍 받고 잘 성장한 두 딸은 대학 졸업 후 취업, 결혼하여 분가하였으며 현재 그는 한국식품 수입 사업을 하며 시드니 외곽에 직접 지은 집에서 와이프와 행복하게 살고 있다.

　세상에 공짜는 없다. 그가 국내의 안정된 직장과 오랫동안 쌓은 경력을 포기한 대가로 가족과 함께하는 생활, 두 딸과 와이프가 원하는 삶을 얻었다. 보통 사람이 하기 어려운 선택을 했던 지용이가 가장이라는 책임감으로 가족을 위해 말도 잘 통하지 않는 먼 타국의 위험하고 힘든 작업 현장에서 얼마나 많은 땀을 흘렸을지를 조용히 생각해 본다.

　그는 공부만 잘했던 범생이가 아니라 용기도 있는 멋쟁이다.

수학여행과 아픈 추억

고등학교 1학년 같은 반 급우 중에 여느 시골 학생들과 달리 뽀얀 얼굴을 가져 눈에 띄었지만 유난히 조용하고 존재감을 드러내지 않는 친구가 있었다. 태정이는 입학 후 수개월이 지나도록 다른 급우들과 잘 어울리지 않았고 수업 시간에도 적극적으로 참여하지 않고 묵묵히 듣기만 하였다.

쉬는 시간에는 홀로 자기 책상에 앉아 교과서 이외의 책을 보고 있었다. 그가 읽던 책은 소설책과 잡지였던 것으로 기억되는데, 한번은 점심시간에 급우 중 한 명이 그의 책을 빼앗아 장난을 쳤다. 그는 불같이 화를 냈고 그의 예상 밖 행동에 놀란 급우가 책을 돌려주자 바닥에 던지고 교실 밖으로 나가버린 적도 있었다.

좀 독특한 아이라고 생각하고 생활하던 중 태정이와 같은 중학교를 다녔던 친구를 통하여 태정이에 대한 애기를 들을 수 있었다. 태정이는 중학교 2학년 때 대도시에서 시골로 전학을 왔는데 중학교 때도 친하게 지내는 친구 없이 외톨이처럼 조용히 생활했었다. 그는 할머니 할아버지와 같이 살고 있었고 태정이 부모님에 대해서는 정확히 아는 사람이 없었다. 동네에서는 부모님이 이혼했다는 소문도 있었고 돌아가셨다는 풍문도 있었다.

그에게 약간의 호기심과 연민을 가졌던 내가 가끔씩 그의 곁으로 가서 말을 건네면 조용조용한 목소리로 묻는 말에만 간단히 답하며 미소를 지었다.

어느 날 그가 삼국지를 읽고 있는 것을 보고 재미있느냐고 물었더니 그는 삼국지를 두 번째 읽고 있다며 삼국지의 재미와 감동을 열심히 설명하였다. 그 후로 그가 읽는 책을 매개로 많은 대화를 할 수 있었고 조금씩 그와 친해져 갔다.

오후 수업이 끝나면 야간 자습까지는 자유 시간이 주어져 그 시간에 학생들은 저녁을 먹었는데 나는 저녁 도시락을 집에서 가지고 와서 먹고 있었다.

어느 날 태정이가 자기 집에 가서 라면을 먹자고 하여 할머니가 끓여주신 라면을 맛있게 먹었고 그 후로도 가끔씩 그의 집에서 라면을 먹었다.

1학년 2학기가 끝나갈 즈음 학교 앞 분식집에서 저녁을 먹던 중 그가 지나가는 말투로 "나중에 성공하여 자신을 버린 엄마에게 복수를 하겠다."는 말을 했다. 순간 나는 나의 귀를 의심했고 얼렁뚱땅 다른 얘기로 화제를 전환시켰다. 소문으로만 들었던 아픈 가족사가 그의 가슴에 응어리로 남아 있음을 알 수 있었다.

2학년이 되면서 태정이는 이과반으로 나는 문과반으로 가게 되어 그와 어울릴 수 있는 기회가 별로 없었다. 2학년 봄에 수학여행을 다녀온 직후 학교에 이상한 소문이 돌았다.

태정이가 수학여행 전날인 일요일에 자전거를 타고 집에 가다가 과속하는 트럭에 치여 손 써 볼 여유도 없이 하늘나라로 갔다는 믿을 수 없는 얘기를 듣게 되었다. 수학여행 기간 동안 태정이 같은 반 친구들도 사고 소식을 몰랐는데 단순히 태정이 집에 급한 일이 생겨 수학여행에 갑자기 빠진 것으로 알고 있었다.

 우리가 태정이 사망 소식을 들었을 때는 그의 유골이 산속에 뿌려진 이후였다. 나는 친한 친구의 죽음에 슬퍼하면서도 그의 죽음을 모른 채 수학여행에서 다른 친구들과 웃고 장난치며 놀았다는 사실에 마음이 아팠다.

 한동안 나는 태정이 담임선생님께서 '왜 수학여행 출발일 아침에 태정이 사고 소식을 공지하지 않았을까? 그렇게 한 것이 잘한 일인가?'를 생각했었다.

 그리고 내 마음 한쪽 구석에 작은 죄책감이 자리 잡게 되었다. 친구가 죽었는데 나는 희희낙락하며 즐겁게 놀았으니….

영화 속에 답이 있다

학창시절 큰 키에 근육질의 몸을 가지고 있는 재민이를 처음 본 사람들은 누구나 한마디씩 했다

"와! 몸이 너무 좋다. 운동을 많이 하나보다."

그는 운동도 했지만 그보다는 타고난 체질로, 기골이 장대했던 할아버지를 닮은 그를 어릴 적부터 동네 어른들은 장군감이라고 했다. 여름철 반바지를 입은 모습에서 드러나는 장딴지와 허벅지는 감탄사가 절로 나올 정도였다.

그의 집안은 인삼 농사를 크게 했는데, 그 때문에 친구들은 '인삼을 무처럼 많이 먹어서 그렇게 되었다.'고 농담처럼 얘기했다.

대학 시절 친구들은 건장한 체격에 힘이 세고 민첩한

그에게 호랑이라는 별명을 붙여 주었고, 단과별 체육대회에서 그의 뛰어난 활약으로 그가 속했던 과가 우승을 하기도 했다

대학 졸업 후 첫 직장으로 화장품 대기업에 다니고 있을 때 생각조차 해본 적이 없던 구두 인생이 운명처럼 다가왔다. 회사생활이 짜여진 틀처럼 답답하다고 느낄 무렵, 지인으로부터 성수동의 작은 구두 공장을 인수할 의사가 있느냐는 제안을 받았다. 그는 망설임 없이 본인 사업을 시작하였다.

주변에서는 안정된 대기업 직장을 포기하고 고생을 사서 한다며 우려하는 시선이 많았다. 그런 얘기를 들을수록 오기가 생겨 더 열심히 일했다. 밤에는 성수동 공장에서 구두를 만들고 낮에는 동대문시장의 2평짜리 가게에서 구두 판매를 하며 매일 20시간씩 일했다.

건강에 누구보다도 자신 있던 그였지만 하루 3~4시간 자며 일한 지 1년쯤 되었을 때 과로로 쓰러졌다. 병

원에서 퇴원 후 집에서 몸을 추스리면서 농업적 근면성만으로는 성공할 수 없다는 생각을 하며 '앞으로 어떻게 할 것인가?'를 고민하고 있었다. 입맛이 없어 점심을 먹는 둥 마는 둥하고 방안에 누워 TV에서 방영하는 영화를 멍하니 보고 있을 때였다.

하이힐을 신은 멋쟁이 여주인공이 길을 걸어가다가 한쪽 구두의 굽이 떨어져 나가자 다른 쪽의 멀쩡한 구두굽을 본인이 스스로 떼 내고 양쪽 모두 굽이 없는 구두를 신고 당당하게 걸어가는 장면이 나왔다.

순간 그의 머리를 휙 하고 스쳐가는 것이 있었.

'굽이 없는 편안한 구두를 만드는 거야. 그래. 굽이 없지만 굽이 있는 것보다 더 예쁘고 편한 구두를 만들자.'

당시에는 높이의 차이는 있지만 모든 여성구두에 굽이 있었다. 국내에서는 참고할 만한 것이 없어 해외 패션잡지를 살펴보고 해외에 나가 여성구두를 직접 조사하여 국내 최초로 굽이 없는 구두를 체계적으로 만들었다.

굽이 없는 편하고 이쁜 구두를 다양하게 출시한 지 얼마 되지 않아 고객들의 많은 사랑을 받게 되었다. 입점하기 어려운 유명 백화점에서도 먼저 입점을 요청할 정도였다.

그리고 재민이의 굽 없는 여성구두 출시로 인해 '플랫슈즈'라는 용어가 본격적으로 우리나라에서 사용되었고, 다른 브랜드에서도 재민이 플랫슈즈를 벤치마킹하여 유사한 제품들을 만들어 판매하기 시작하였다.

돌아가신 대기업의 어느 회장님도 영화광이었다는 얘기가 있는데 어쩌면 그분도 영화에서 많은 비즈니스 영감을 얻었을 것 같다.

홀로 도시로 간 친구

시골 소도시에서 함께 자란 중학교 동창생 중 유일하게 고등학교를 대도시로 진학한 친구가 있었다. 초등학교 때부터 통통하던 준섭이는 중학생이 되자 체중이 더 늘어 약간 뚱뚱한 수준이 되었지만 지방 속에 근육이 가득 있는 체질이라 그의 힘과 민첩성은 누구보다 월등했다. 그는 중학교에서 공부를 가장 잘하는 학생이었고 축구도 잘하여 친구들 사이에서 인기가 좋았다.

대도시 고등학교가 평준화되었던 시절이라 대도시로 진학하는 학생이 거의 없었지만 집안이 부유했던 준섭이 아버지는 대도시 좋은 환경에서 공부하여 유명 대학에 입학하기를 바라는 마음에 그를 도내에서 가장 큰 도시의 고등학교로 진학시켰다. 나를 비롯한 동창생들은 읍내 고등학교를 다녔는데, 방학이면 고향에 오는 그를 부러운 눈으로 바라보았다. 그는 혼자 자취 생활을 하면서도 열심히 공부한 결과 아버지와 고향마을 사람들의 기대에 부응하듯 고등학교 1학년 1학기 성적이 상위권에 들었다.

그런데 상위권 성적은 거기까지였다. 준섭이는 공부도 잘하면서 일진(불량)친구들에게 굴복하지 않는 싸움도 잘하는 사람이 되고 싶었지만 두 가지 모두를 잘할 수는 없었다.

그의 힘과 민첩성을 알게 된 일진친구들이 그냥 두지 않았다. 일진친구 그룹에 그를 넣기 위해 그에게 다가갔고 안타깝게도 그의 자취방을 드나들게 되었다.

여름방학이 되어 공부를 위해 집에 얼굴만 비치고 도시로 돌아온 그를 일진친구들은 해수욕장으로 산으로 데리고 다니며 본격적으로 함께 놀았다. 여름방학 동안 공부하지 않고 놀기만 했던 준섭이는 2학기가 되어 성적이 떨어지자 점점 더 공부와는 멀어졌다.

3학년 무렵 그를 뒷바라지하기 위해 오신 할머니와 함께 생활하게 되면서 일진친구들과의 교류는 줄어들었으나 많이 떨어진 성적은 좀처럼 올라가질 않았다.

그나마 할머니의 보살핌으로 지방의 작은 대학에라도 진학할 수 있었지만 그의 불성실한 생활 태도는 바뀌질 않았다. 수업을 빠지는 날이 많았고 술 마시면 동기생들과 언쟁과 몸싸움도 종종 있었으며, 건방지다고 잔소리하며 군기 잡는 선배들을 두들겨 패기도 하였다.

절제되지 않은 그의 생활에 변화가 찾아온 것은 대학 2학년을 마치고 고향에서 방위 근무를 하던 때였다.

이전에는 그를 쳐다보는 눈빛이 선망과 부러움으로 가득했던 고향 친구들과 동네 어른들은 이제 더이상 그를 장래가 촉망되는 똑똑한 학생으로 보고 있지 않았다.

방위 근무를 퇴근하고 읍내에서 친구들을 만나려고 약속 장소로 가던 중 중학교 때 친하게 지냈던 여동창생을 우연히 길에서 만났다. 준섭이는 반갑게 인사했지만 어정쩡한 인사말만 남기고 급하게 돌아서 가는 그녀의 뒷모습에서 그를 피하는 듯한 인상을 받았다. 친구들과의 술자리 내내 여동창생의 표정과 뒷모습이 그의 머리에서 떠나질 않았고, 집으로 걸어서 돌아가는 동안에도 찝찝한 기분을 지울 수 없었다.

'중학교 때까지만 해도 모두 나를 좋아했는데 지금은 왜 이렇게 되었나?'

'이렇게 살아서는 안 되겠다.'

그는 이 사건을 계기로 나태하고 대충대충 살고 있던 생활을 반성하고 앞으로는 열심히 노력하여 자신의 미래를 개척하고, 주변 사람들에게 밝고 긍정적인 에너지를 주는 사람이 되겠다고 다짐하게 된다.

그가 대학에 복학하고 가장 먼저 한 일은 그동안 그로 인해 불편을 겪거나 그와 트러블이 있었던 모든 친구와 선후배를 일일이 찾아가서 사과하고 앞으로 열심히 대학 생활을 하겠다고 약속한 것이었다.

학교에서 항상 웃는 얼굴과 상대방을 배려하는 모습으로 인해 그를 좋아하는 사람들이 늘어났고 그를 보려면 도서관으로 가라는 말이 친구들 사이에서 농담처럼 유행하였다.

열심히 공부하여 대학 졸업과 동시에 대기업 입사 시험에 합격한 그는 자신의 강점인 미소와 친화력을 바탕으로 열심히 근무한 결과, 20여 년 후 임원으로 승진하였다.

그 소식이 고향마을에 전해지자 어릴 때부터 남다르더니 역시 출세했다며 칭찬이 자자하였다. 그동안 알게 모르게 의기소침했던 준섭이 아버지도 어깨를 펴고 살게 되었다.

삼국지에서 환생한 장비

내 친구 현철은 생김새와 성격이 삼국지의 장비를 연상케 한다. 생김새는 이렇다. 떡 벌어진 어깨에 다부진 몸, 온몸에 많은 털(특히 구레나룻과 수염을 기른 방학 기간에 보면 놀라웠다), 짙은 눈썹, 날카로운 눈매. 처음 보는 사람은 현철의 눈매가 무서워 똑바로 쳐다보기를 어려워했다.

성격은 또 어떤가? 급한 성격에 말보다는 행동이 앞섰고, 목소리도 크고 걸걸하여 상대방을 주눅들게 하였다. 학교 안에서 공부하기보다는 학교 밖에서 노는 것을 좋아하여 크고 작은 무용담을 계속 만들어냈다. 이랬던 그가 주변의 도움으로 고등학교를 간신히 졸업하였고, 친구들은 사회로 대학으로 흩어졌다.

범생이였던 나는 현철이와 친한 사이는 아니었지만 강렬했던 그에 대한 인상 때문에 가끔씩 현철이는 어떤 삶을 살고 있을지 궁금했었다. 세월이 한참 흐른 후 고향 친구를 통해 우연히 그의 소식을 들을 수 있었다. 규칙적이고 질서를 따라야 하는 얽매이는 생활을 할 수 없을 정도로 매우 활동적이고 자유분방한 성격을 가졌던 그는 잘 나가는 사업가 아니면 일정한 직업 없이 빈둥거리는 삶을 살 것이라고 생각했던 나의 예상은 완전히 빗나갔다.

현철이는 누구보다도 모범적이고 사교적인 직장 생활로 임원까지 승진하여 친구들 사이에서 그의 직장 생활 성공기는 뜨거운 화젯거리였다. 이해가 되지 않았다. 그는 정해진 틀 속에서는 살 수 없는 사람인데….

공부와는 거리가 멀었던 그는 고교 졸업 후 곧바로 군대를 다녀와서 부친 지인의 회사에 입사를 추진하였다. 당시 작은 회사라 입사 시험 없이 고등학교 생활기록부를 제출하고 소식을 기다리고 있었다. 회사관계자는 그의 최하위 성적과 담임선생님의 메모를 보고 입사 결정을 주저하고 있었다.

생활기록부에는 이렇게 적혀 있었다.

[학습에 관심이 없고 행동이 산만함]

부친의 간곡한 부탁에 어쩔 수 없었던 회사는 현철이를 물류 운전직으로 채용하였고, 주변에서는 그가 조직생활에 적응할 수 있을지 걱정스런 눈으로 지켜 보고 있었다.

그는 생활기록부에 적힌 담임선생님의 메모를 보고 오기가 생겨 열심히 근무해야겠다는 결심을 하게 된다. 입사 후 남들보다 일찍 출근하여 상품을 거래회사에 납품하고 외향적인 성격을 살려 사내 직원뿐 아니라 거래회사 직원들과도 친하게 잘 지냈다. 그 후 회사에서는 그의 성실성과 친화력을 인정하여 영업직을 맡겼고, 영업에서도 뛰어난 실적을 올렸다.

하지만 공부와는 거리가 멀었던 그는 회사에서 필요로 하는 자격증을 취득하지 못하여 간부(과장) 승진에서 번번히 누락하자 본인의 공부 머리가 없음에 자조하게 된다. 그렇게 실망 속에서 회사를 다니다 결혼을 하고 아기를 낳게 되자 그는 기쁨보다 더 큰 책임감을 느끼게 되었고 인생에서 새로운 변신을 하게 된다.

그는 아이에게 당당한 아빠가 되기 위해 굳은 결심을 하고 자격증 취득을 위해 태어나서 처음으로 열심히 공부를 하게 된다. 퇴근 후 집에 가지 않고 독서실에서 졸린 눈을 비비며 책에 매달린 결과, 자격증을 취득하여 간부가 되었고 계속해서 좋은 영업실적을 거두어 임원이 된 것이다.

지금도 친구들은 현철이에게 농담처럼 얘기한다.

"처음 보는 사람 앞에서는 절대 눈에 힘주지 말고 웃으며 얘기해. 인상 쓰면 다 도망간다."

PS) 졸업 후 세월이 한참 흐른 뒤, 현철이가 학교를 방문할 일이 있어 갔다가 담임선생님을 우연히 만났다. 선생님께서 "무슨 일 하고 있느냐?"고 묻자 현철은 당당하게 "○○회사 과장으로 있습니다."고 대답했다. 그런데, 선생님은 못 믿는 눈치였다.

보고 싶은 친구

고등학교 시절 멋있는 친구가 있었다. 태민이는 또렷한 이목구비로 선이 굵은 준수한 얼굴과 크고 부드러운 목소리를 가지고 있어 누구든지 첫눈에 호감을 가졌다.

리더십을 가지고 항상 앞장서 친구들을 이끌었는데 겸손함이 있어 모두가 인정하였다. 스피치를 잘하여 학생회 일을 추진함에 있어 친구들의 공감을 받았고, 사교성이 좋아 누구든지 편하게 다가갈 수 있는 우리보다 조금은 더 어른스러웠던 친구였다.

태민이가 반장을 할 때의 일이다.

점심시간 두 학생 사이에 사소한 감정 다툼이 커져서 서로 치고받는 싸움이 발생하였다. 학교 내에서 가끔씩 친구들 간에 싸우는 일이 있었지만 대부분은 서로 화해

하고 별다른 문제 없이 지나갔다.

그런데 이번 싸움은 두 학생 간의 힘의 차이가 커서 일방적으로 한 학생이 맞은 데다가 맞은 학생의 얼굴에 상처가 생겨 양호실에 가게 되어 선생님께서 알게 되었고, 맞은 학생의 아버지가 학교로 찾아오면서 일은 더 커졌다.

학교에서는 때린 학생에게 중징계를 줄 수밖에 없는 상황이었는데 태민이의 노력으로 모두의 불편한 마음을 해소하였고 가벼운 징계로 마무리되었다.

태민이는 우선 두 학생을 설득하여 서로 화해를 시켰고, 다음은 때린 학생을 데리고 맞은 학생의 아버지를 찾아가서 함께 사과하여 용서를 받았다.

그리고 선생님께 가서는 반장으로서 급우들의 싸움을 사전에 막지 못한 본인의 책임도 있으며 앞으로는 절대 이런 일이 발생하지 않도록 학급을 이끌어 가겠다고 말씀드리고 용서를 구하였다.

그는 연극에도 재능이 있었다. 어느 극단에서 청소년 연극을 준비하면서 출연자들을 모집하였고, 그는 많은 지원자 중에서 뛰어난 실력으로 주인공에 발탁되었다.

연극의 줄거리는 일제강점기에 국내에서 은밀히 독립운동을 하던 주인공이 일본 순사에게 발각되어 어쩔 수 없이 만주로 떠나가는 독립군 이야기였다.

잘생긴 얼굴에 분장한 모습은 더욱 멋있었고 연기력은 초보자라고 볼 수 없는 수준으로 주인공이 만주로 떠나면서 어머니와 이별하는 장면을 보면서 눈물 흘렸던 기억이 생생하다.

우리들의 마지막 울타리였던 고등학교 시절이 끝나고 그는 대학교 연극영화과에 수석으로 진학하였고 친구들의 축하 속에서 고향을 떠났다. 훗날 연극·영화계에서 그를 볼 수 있으리라 기대했지만 수십 년이 지난 지금 안타깝게도 그가 어디서 무엇을 하며 살고 있는지 모른다.

그에 대해 마지막으로 들은 것은 내가 대학교를 휴학하고 군 복무 중일 때 그가 대학을 그만두었다는 소식이었다. 그가 대학을 그만둔 이유도, 대학을 그만두고 무슨 일을 하는지도 정확히 아는 친구가 없었다.

학교를 그만두고 극단으로 갔다는 소문과 여학생과 동거를 시작했다는 풍문만 들려왔고 그 후에도 정확한 태민이 소식을 듣지 못하였다. 그가 살던 고향집도 찾아가 보았지만 부모님이 오래전에 타지로 이사 갔다는 얘기만 들을 수 있었다.

그의 대학 동기 중에는 유명 배우가 된 사람이 있는데, 그 배우를 영화나 TV에서 볼 때면 학창 시절 친구들의 우상이던 태민이가 생각난다.

재능 있고 책임감 강했던 친구였기에 어딘가에서 열심히 살고 있으리라 기대한다.

스님이 된 경찰관

평범한 직장 생활을 하며 행복한 가정을 꾸려가던 친구가 스님이 되었다는 믿기 힘든 소식을 듣게 되었다. 익수는 학창 시절 성격이 쾌활하고 사교성이 좋은 친구였다. 학교 졸업 후 경찰공무원 시험에 합격하여 좋아하던 모습을 마지막으로 오랫동안 그를 만나지 못하였다.

그의 성격과 경찰 업무가 잘 맞아 즐겁고 충실하게 직장 생활을 하던 30대 후반, 건강검진에서 췌장암이라는 믿을 수 없는 결과를 통보받았다. 더욱 충격적인 것은 6개월 정도의 시한부 인생이었다.

너무 큰 충격으로 인해 그날부터 음식을 거의 먹을 수 없었고 아무것도 할 의욕이 생기지 않았다. 체중이 빠지기 시작하였고 누구도 만나고 싶지 않았다.

한 달쯤 방구석에서 지내던 그는 홀연히 고향으로 내려가 산속의 조그만 암자로 무작정 찾아갔다. 기도와 눈물로 하루하루를 보냈다. 보름쯤 지나자 눈물은 멈췄지만 어린 두 자녀에 대한 걱정은 여전히 떠나질 않았다.

기도와 명상과 산책으로 나날을 보내던 어느 날, 문득 생각해보니 산으로 들어온 지 6개월이 지나고 있었다. 그의 가족들은 도시에서 잘 살고 있었고 그도 아직 살아 있었다.

그는 암자의 주지 스님에게 스님이 되는 방법을 물어보고 집으로 가서 아내와 아이들에게 본인은 스님이 되겠다고 설명하였다. 어린아이들은 그것이 어떤 의미인지 몰라 별다른 거부감이 없었다. 아내가 처음에는 극구 반대하였지만 남편이 조금이라도 더 살 수 있다면 좋겠다며 동의하였다. 그길로 그는 산으로 들어가 머리를 깎고 스님의 길로 들어섰다. 그 후 전국의 크고 작은 사찰을 옮겨 다니며 수행자의 삶을 살고 있다.

그가 췌장암 판정을 받은 지 20여 년이 지났지만 현재 건강하게 살고 있다. 가끔씩 그에게 전화하면 그는 한결같이 학창 시절의 유쾌한 모습으로 대답한다.

"스님 잘 계십니까?"

"그래, 밥 잘 먹고 똥 잘 싼다."

그것이 알고 싶다. 췌장암 판정이 오진인지? 아니면 공기 좋고 물 맑은 산속의 무심한 생활이 기적이 되어 병이 자연적으로 치유된 것인지?

미인박명(美人薄命)

현석이는 키가 크고 잘생겼다. 심지어 밝은 피부색을 가졌으며 작은 얼굴에 몸매 비율도 좋았다. 여러 명의 친구 사이에 있으면 그의 출중한 외모는 군계일학을 연상시킬 정도였는데 어떤 선생님은 그를 기생오라비라는 별명으로 부르기도 했다.

이웃 여학교에서도 현석이의 이름을 모르는 여학생이 없을 정도로 그의 외모가 회자되었고, 그가 길을 걸어가면 많은 여학생이 그에게 눈길을 주었으며 편지와 쪽지를 전해주는 여학생도 종종 있었다. 만약 그가 대도시에서 살았다면 아마 연예기획사에서 캐스팅했을 것이다.

대학시절 그의 곁에는 여학생들이 많았다. 대부분의 친구들은 여학생에게 인기 많은 그를 부러워했지만 일부 친구들은 그를 시샘하기도 했다. 그는 여학생들의 관심을 즐기면서도 한편으로는 과도한 애정 공세에 부담스러워하기도 했는데, 그런 환경 속에서 공부를 열심히 하지 못했던 그는 대학 졸업 후 중소기업에 영업직으로 취업했다.

사회생활에서도 그의 외모는 여전히 사람들의 눈길을 끌었고, 그의 환심을 얻기 위해 다가오는 여자들이 많았는데 우연히 그의 사무실에 왔다가 그에게 첫눈에 반했던 부잣집 막내딸과 짧은 연애 후 결혼을 하게 되었다. 현석이 처갓집에는 딸만 셋 있었는데, 첫째 언니는 은행원과 둘째 언니는 의사와 중매로 결혼을 한 상태였다.

장인은 중소기업에 다니는 농촌 출신의 현석을 탐탁지 않게 생각했으나 막내딸이 "이 남자 아니면 결혼하지 않겠다."고 간곡히 요청하자 어쩔 수 없이 결혼을 허락하였다. 결혼을 앞두고 장인은 현석을 따로 불러 이렇게 말했다.

"자네가 준비해오는 액수만큼의 돈을 내가 줄 테니, 합쳐서 집을 구하고 남은 돈은 생활의 종잣돈으로 사용하게."

그는 모아놓은 돈이 없어 부모님과 상의한 결과, 아버지께서 현석이 결혼 비용으로 생각하고 있었던 돈이라며 5천만 원을 마련해 주셨다. 기대한 액수에 못 미친다고 생각하는 듯 5천만 원(90년대 초에는 큰돈이었다)이 든 통장을 본 장인의 얼굴에서 스치듯 지나가는 실망스런 표정을 느꼈지만 다음날 5천만 원을 통장으로 넣어준 장인이 고마웠다. 나중에 이 얘기를 들은 친구들은 "돈을 빌려서라도 많이 가져가지 왜 그러지 않았냐?"고 했지만 현석은 장인과 와이프를 속이지 못하는 착하고 소심한 마음을 가지고 있었다.

부잣집의 예쁜 딸과 결혼하게 되어 기뻤던 그는 신혼집으로 서울 외곽의 아파트를 사서 와이프와 알콩달콩 잘 살았다. 딸아이가 초등학교 들어갈 즈음 그는 은근히 계속 느껴지던 다른 사위들과의 비교에서 벗어나기 위해 다니던 직장을 그만두고 대출을 받아 사업을 시작하였다. 장인도 사업 자금을 지원하며 성공을 기원했으나 그에게는 사업 운이 없었다.

현석이는 사장이지만 주로 외부 업무에 치중했고 경리업무 등 내부 업무는 전 직장에서 함께 일했던 사람에게 일임했는데 그가 회삿돈을 빼돌려 도망간 것이다. 회사가 부도나고 빚까지 떠안은 그는 자의 반 타의 반으로 이혼을 하였고, 지금은 딸과 함께 살면서 재기를 위해 열심히 노력하고 있다.

세상 사람들은 이러쿵저러쿵 말도 많다.

결혼은 비슷한 사람끼리 해야 한다고….

너무 잘생긴 것도 탈이라고….

현석이의 삶을 돌아보면 미인박명(美人薄命)[1]은 여성에게만 적용되는 게 아닌 것 같다.

---

[1] 직역하면 아름다운 사람은 목숨이 짧다는 뜻이지만 일반적으로 아름다운 여인에게는 숨겨진 고난과 슬픔이 있다는 의미로 사용된다.

총알보다 빠른 사나이

고등학교 시절, 우리 반에서 키 크고 잘생긴 성현이는 겁이 많고 성격이 매우 유순했다. 대학 졸업 후 건설회사에서 관리 업무를 하던 그는 아프리카 공사 현장으로 파견을 나가게 되었다 그의 주요 업무 중 하나는 아프리카에서 채용한 현지인 작업자의 급여를 주 단위로 지급하는 것이었다.

우리나라의 80년대 이전처럼 급여를 현금으로 지급했는데, 지급주기도 일주일 단위라 매주 은행을 방문하여 현금을 찾아와야 했다.

사건이 있던 그 날도 평소처럼 현지인 기사가 운전하는 회사 차를 타고 가서 은행을 방문했다. 현지 은행은 출입문 안에 있는 보안요원이 방문자의 신원을 확인하고 입장을 시켜주는 시스템이었다.

은행에서 돈을 찾은 성현이는 보안요원의 출입문 닫는 소리를 뒤로 하고 주차장에 대기 중인 차로 가던 중 현지인 한 사람이 자신의 방향으로 다가오는 것을 보았다.

모자를 쓴 그 사람은 그동안 은행을 오가며 마주쳤던 사람들의 행색이 아니었고 또한 은행 출입문 방향이 아닌 그가 가는 방향으로 왔기 때문에 이상한 느낌이 들었지만 은행 건물 주차장에서 무슨 일이야 있겠느냐는 생각을 했다.

한 손에 돈가방을 들고 다른 손으로 차문을 열려고 하는데 갑자기 모자 쓴 사람이 다가와 총을 옆구리에 대고 돈가방을 잡았다. 그 짧은 순간 그의 머리에는 여러 가지 생각이 스쳐 지나갔다.

'총에 맞아 죽는 건 아닌가…'
'돈가방을 주고 도망가야 하나…'

생각하는 것과 다르게 그의 행동은 돈가방을 손에서 놓지 않고 당겼으며, 강도도 가방을 뺐으려고 서로 당기는 대치가 잠깐 동안 진행되었다. 그리고 '탕' 총소리가 났다. 화들짝 놀란 그는 돈가방을 놓음과 동시에 옆 화단으로 몸을 던져 땅바닥에 엎드렸다.

다행히 강도는 그가 돈가방을 놓도록 겁을 주기 위해 허공으로 총을 쏜 것이었다. 총소리에 은행 보안요원이 뛰어 나왔지만 강도가 돈가방을 가지고 사라진 후였다.

그날 밤 성현이는 총에 맞아 죽을 뻔했다는 불안감과 한국의 가족이 보고 싶은 그리움으로 잠을 이룰 수 없었다.

귀국한 지 십여 년이 지난 지금 성현이에게 물어보았다.

"너 진짜 대단하다. 강도 사건 당시 총 앞에서도 돈가방을 놓지 않았던 용기는 어디서 나온 거야?"

성현이가 씁쓸한 미소를 지으며 말했다.

"용기는 개뿔. 현지 생활이 힘들고 절박해서 깡만 남아 있었던 것 같아. 당시 아프리카 현지 건설사업이 적자였어. 공사 수주 자체가 저가인 데다가 현지의 열악한 사정을 모르고 들어가 예상보다 공사 비용이 많이 들어가다 보니 한국 본사로부터 미운 오리 새끼가 된 거야.

빈번한 건설 장비 고장과 물자 부족으로 점점 더 힘들어지는 상황 속에서 본사에서 보내오는 넉넉지 않은 돈으로 현지인 작업자의 급여를 지급하고, 남는 돈으로 어렵게 사업장을 꾸려가고 있었어. 심지어 식재료 구입할 돈이 부족해 라면으로 끼니를 때운 적도 있었어.

그 돈이 현지인 작업자와 한국인 파견자에게 피와 같은 소중한 돈이라 뺏기면 안 된다는 생각이 들었던 것 같아."

계속된 그의 아프리카 건설 현장 이야기는 단순히 고생한 수준을 넘어 애처럽고 황당하기까지 했다. 현재 친구들은 성현이를 총알도 피해 간 행운의 사나이라고 부르고 있다.

PS) 얼마 지나지 않아 강도는 잡혔으나 돈을 회수하지 못하였고 돈가방은 강도가 버리지 않고 사용하고 있었다고 한다. 돈가방조차도 강도에게는 버릴 수 없는 물건으로 그만큼 가난한 현지인이 많았던 것이다.

학교짱의 흥망성쇠

중학교 시절 동급생 중에서 싸움을 가장 잘했던 친구 (요즘 말로 '학교짱')가 있었다. 용호는 친구들 사이에서 대장 노릇을 하였지만 지금 생각해 보면 매우 외롭고 힘든 학교 생활을 하였을 것 같다.

그는 입학할 때부터 앞줄의 키 작은 학생보다 머리 하나가 더 컸고 체격도 다부졌다. 특히 거뭇거뭇하게 수염 난 얼굴과 다부진 몸에서 나오는 형님 같은 그의 이미지는 남달랐다.

입학 후 얼마 되지 않은 시점에 두어 명이 그에게 싸움을 걸었다가 일방적으로 맞았다는 소문이 학교에 돌자 그는 모두가 두려워하는 학교짱이 되었다. 동급생보다 두 살이나 많았던 용호는 먼저 학생들을 괴롭히지는 않았으나 그의 심기를 건드리는 학생들에게는 행동으로 응징했다.

왕성하게 자라는 사춘기 시절이라 2학년이 되자 다른 학생들의 키는 많이 자랐지만 그의 키와 덩치는 변화가 없었다. 이제 그보다 키와 덩치가 더 커지는 학생들이 나오기 시작했으나 그는 여전히 싸움짱을 유지하고 있었다. 그의 힘과 민첩성을 당할 학생들이 아직은 없었기 때문이다.

변화의 징조는 3학년이 되면서 나타났다. 그의 신체는 여전히 변함이 없는 반면 이제 많은 학생들이 그보다 키와 덩치가 커졌고, 그의 아성에 도전하는 친구들이 가끔 나왔다.

일방적인 우세가 아닌 버거운 싸움을 한두 번 경험하자 그는 가능한 싸움을 피하고 유화책을 쓰기 시작했다. 그리고 자라지 않는 그의 키를 보완(?)하려는 듯 발뒤꿈치를 들고 걷거나 서 있는 그의 모습을 볼 수 있었고 그것이 그의 습관이 되었다. 그래도 아직은 그의 싸움짱 권위를 유지할 수 있었다. 키 약 170센티미터 정도, 몸무게 약 70킬로그램 정도였던 중학교 입학 당시의 신체는 중학교를 졸업할 때까지 변화가 거의 없었다.

고등학교 진학 후 학기 초 다른 중학교 싸움짱 출신의 학생과의 싸움에서 패한 후 일부 학생들이 그에게 도전적인 언행을 해도 그는 웃으며 지나갔고 더불어 그의 싸움짱 명성은 서서히 사라져 갔다. 고등학교 내내 발뒤꿈치를 들고 걷는 그의 모습을 볼 때마다 나는 측은한 생각이 들었다.

중학교 입학 때부터 싸움짱이 되어 악조건 속에서 그 지위를 유지하려고 노력했지만 서서히 무너져갔던 그 친구는 지금 어떻게 살고 있을까?

누구나 인생을 살면서 성장 후 쇠퇴를 겪지만 너무 일찍 성장(성공)하여 오랜 기간 쇠퇴를 경험하는 삶은 힘들고 슬프다.

억울합니다

고등학생인 현우에게는 두 살 아래인 중3 여동생이 있다. 여동생은 얼굴도 예쁘고 공부도 잘하는 반면 그는 친구를 좋아하고 노는 것을 좋아하였다.

어린 시절 부모님은 여동생을 공주처럼 귀하게 키웠고 사내아이인 그에게는 여러 가지 심부름을 시키고 집안일도 돕도록 했다. 부모님의 그런 태도가 싫을 때도 있었지만 그의 말을 잘 듣는 여동생이 밉지는 않았다.

부모님은 여동생을 과보호하는 경향이 있었다 해가 진 이후에 동생이 집 밖으로 나가야 하는 일이 있을 경우 대체로 누군가 동행해야 했다.

어느 날 현우가 학교 야간 자율학습을 마치고 집에 가니 엄마가 동생이 다니는 학원에 가서 동생을 에스코트 해오라고 하였다. 평소에는 엄마가 동생을 데리고 왔는데 그날은 동생이 다니는 학원에서 보충 수업이 있어 늦게 마친다고 하였다. 가방만 내려두고 투덜거리며 학원으로 갔다. 학원은 시내 중심가에 있어 사람들의 왕래가 많았다.

학원 앞에서 여동생을 만나 집에 가는 버스를 타기 위해 유명 빵집 앞을 지나고 있을 때 뒤에서 누군가 단호한 목소리로 현우를 불렀다.

학생주임 선생님이었다. 시내 번화가로 학생 지도 활동을 나온 것이다. 가끔 학생주임 선생님께 좋은 말씀(?)을 듣는 관계라 선생님은 바로 그를 알아보신 듯했다.

"김현우 너, 집에 안 가고 여학생이랑 어딜 돌아다니는 거야?"

"선생님 제 여동생인데요."

"여동생? 너랑 닮지도 않았는데. 나한테 걸려서 여동생이라고 거짓말하는 녀석이 한둘인 줄 알아?"

주변에는 가던 발길을 멈추고 구경하는 사람도 있었다. 쪽팔렸다.

선생님께서 여동생에게 물었다.

"학생 이름이 뭐야? 진짜 동생 맞아?"

"김미영이고, 동생 맞습니다."

"학생증 있나?"

"없습니다."

"너희들 끝까지 거짓말할래? 바른대로 말하면 용서해준다. 계속 거짓말하면 부모님께 전화한다."

그날 집으로 전화해서 선생님과 현우 엄마가 통화하신 후 현우와 여동생은 집으로 올 수 있었다.

예쁜 여동생이 문제인가?

놀기 좋아하는 현우가 문제인가?

나이 어린 손위 처남과의 기싸움

민수와 A는 같은 초중고를 다닌 2년 선후배 사이다. 시골의 이웃 동네에 살았던 둘은 초등학교 때부터 동네 아이들과 함께 산으로 들로 뛰어다니며 놀았다. A는 민수를 형이라 불렀고 중학교, 고등학교 때는 존댓말을 사용했다.

대학교와 군대 시절 동안 둘은 거의 만날 기회가 없었지만 민수가 A의 여동생과 사귀게 되어 A의 집에 방문하게 되면서 둘은 다시 만나게 되었다. 다시 만나게 된 초창기에는 이전처럼 민수는 A의 이름을 부르며 반말을 하였고, A는 민수를 형이라고 부르고 존댓말을 사용하였다.

그런데 민수와 A의 여동생 결혼 날짜가 잡힌 후부터

A가 민수를 부르는 호칭이 서서히 형에서 매제로 바뀌었고 존댓말도 반말로 변하기 시작했다.

시간이 지나 형에서 매제로, 존댓말이 반말로 완전히 바뀐 즈음 민수는 내심 기분이 좋지 않았지만 A에게 불쾌함을 드러내지는 않았다.

결혼식 전 고향친구(물론 A의 중고교 선배들이다)들과의 술자리에서 민수는 A와의 이런 상황을 설명하며, 아직 결혼 전인데 A가 벌써부터 이러는 것은 잘못된 것이 아니냐고 하소연하였다.

대부분의 친구들은 손위인데 어쩔 수 없지 않느냐고 했지만 성깔 있는 한 친구가 흥분하며 말했다.

"A를 손 좀 봐 줘야겠다."

시골이라 결혼식 전에 신부집으로 함들이가 있었다. 신랑의 친구들이 함을 가지고 갔는데 신부의 가족들은 조용히 신속하게 함이 집으로 들어오기를 바라며 신부의 친구들을 동원하여 많은 노력을 하였지만 성깔 있는 친구의 주도로 함은 신부집 앞에서 꿈쩍 않았다.

성깔 있는 친구가 외쳤다.

"A야 이리 오너라 선배가 니 여동생 함 가져왔는데 이리 와서 술 한 잔 따라라."

동네가 소란스러워 어쩔 수 없이 A가 나타나자, 다시 소리쳤다.

"선배들이 왔으면 인사부터 해야지. 뭐 해? 예의가 없네."

그날 친구들은 A를 한참 괴롭힌 후에야 함을 신부집으로 가지고 들어갔고 A는 본인의 방에서 나오지 않았다.

신혼여행 후 민수가 처갓집을 방문한 날, 가족들이 모인 식사 자리에서 A의 반격이 시작되었다.

"매제! 자네는 이제 나를 형님이라고 불러야지. 말도 높이고…."

어른들이 있는 자리라 그날 어쩔 수 없이 민수는 A를 형님이라고 부르고 존댓말을 사용할 수밖에 없었다.

며칠 뒤 민수는 A에게 퇴근 후에 둘이서 술 한잔 하자고 공손히 요청함과 동시에 A가 모르게 그 자리에 고향 친구를 불렀다. 민수와 둘이서 만나는 걸로 알고 약속장소에 나왔던 A는 고등학교 선배가 함께 있는 것을 보고 당황스러웠지만 어쩔 수 없이 그날은 민수를 선배로 존대해야만 했다.

그 후 두 사람 사이의 기싸움은 계속되었으나 티격태격하는 모습을 지켜보던 와이프가 장인어른에게 그 사실을 알리며 곤란한 상황에 놓이게 되었다. 그래서 두 사람은 협의하여 다음과 같이 평화안을 만들었다.

호칭은 처남, 매제로 부르고 서로 반말하기로….

민수와 A의 기싸움은 끝났지만 그 후로 A는 고등학교 동문회 모임에 나오지 않고 있다.

순간의 선택이 인생을 좌우한다

명우는 중학교 입학 때부터 친구들보다 키가 크고 민첩하였다. 체육 선생님의 눈에 띄어 학교 대표 체육선수로 선발되어 운동을 시작했다. 중고등학교 시절 축구, 핸드볼, 태권도 선수 생활을 하며 각종 대회에서 상을 타기도 하였다.

명우는 일부 운동부 친구들처럼 어깨에 힘이 들어가지도 않았고 키 작고 약한 친구들과도 잘 지냈다. 그가 고교 졸업 후 서울 유명 대학의 체육학과에 진학했을 때 친구들은 명우가 후에 체육 교사가 될 것이라고 생각했다.

그런데 그는 대학 입학 후 얼마 지나지 않아 진로에 대해 고민에 빠지게 되었다. 나름 운동을 좀 한다고 생각했는데 전국에서 모인 체육학과 동급생들과 비교해보니 그의 운동능력이 10명 기준으로 볼 때 8~9등 수준이라는 판단이 들었다.

대학에서 열심히 한다고 해도 성장의 한계가 있겠다는 생각이 들어 어떻게 하는 것이 좋을까 고민하다가 공무원이라는 안정된 직업으로 고향에서 살고 싶다는 생각이 들었다.

그리고 비싼 대학 등록금과 서울 생활비를 절약할 수 있고 남들보다 대학 기간 4년만큼 일찍 사회생활을 시작하면 유리할 것이라는 생각도 했다.

그는 당장 대학을 중퇴하고 9급 공무원 시험을 보기로 결심했다. 부모님께 그의 생각을 말씀드리자 처음에는 반대하셨지만 명우의 각오가 확고하다는 것을 아시고는 동의해주셨다.

당시만 해도 9급 공무원의 인기가 없던 시절이라 좋은 대학과 인생 진로를 포기하고 9급 공무원 시험을 준비하고 있다는 그의 소식을 들은 친구들은 도무지 이해할 수 없다는 의견이었다. 그는 주변의 따가운 시선을 참아가며 공부한 결과, 시험에 합격하여 고향의 말단 공무원으로 친구들보다 일찍 사회생활을 시작했다.

30년이 지난 지금, 그는 친구들이 부러워하는 성공한 공무원이 되었다. 업무 능력뿐만 아니라 좋은 대인 관계를 인정받아 지방 공무원에서 승진할 수 있는 최고의 지위까지 올라가 행복한 인생을 보내고 있다.

주변 사람들의 만류와 부담스러운 시선을 극복하고 아직은 어린 20살의 나이에 삶의 진로를 자주적으로 결정한 명우의 용기에 박수를 보낸다.

일대일, 멧돼지와 대치하다

동진이는 친구들 사이에서 '산사나이'로 불린다. 산을 좋아하는 사람들 사이에서 거쳐야 하는 통과 의례 중 하나인 불수사도북 종주 산행[2]이 있는데 그는 15시간 만에 완주하는 열정과 체력을 가지고 있다. 올해 초 그는 백두대간 산행[3] 완주 목표를 세우고, 주말마다 산으로 가고 있었다.

평생 잊을 수 없는 멧돼지 사건은 지난 여름, 백두대간 중 태백산 구간을 산행하기 위해 두문동재에서 밤 2시경 출발하여 화방재로 향하고 있을 때 발생했다.

홀로 칠흑같이 어두운 산을 헤드랜턴 불빛 하나에 의

---

[2] 서울에 접하여 북쪽에 있는 5개의 산(불암산, 수락산, 사패산, 도봉산, 북한산)으로 종주거리가 약 46km
[3] 강원도 진부령에서 지리산 천황봉까지의 구간, 약 735km

지하며 걸으면 무서울 법도 하지만 오랜 야간 산행 경험으로 덤덤하게 능선 구간을 걷고 있었다.

그때 멧돼지와 정면으로 대치하는 일이 발생하였다. 그동안 많은 산행에서 어느 정도 거리가 있는 멧돼지는 가끔씩 목격하였지만 자신의 몇 걸음 앞에 있는 멧돼지와 마주치는 위험한 상황은 처음이었다.

당시 어둠이 걷히기 시작하는 새벽녘으로 헤드랜턴을 끄고 얼마 지나지 않은 무렵이었다. 아직 날이 밝기 전 회색빛 어슴푸레한 상황이라 안전을 위해 울퉁불퉁한 산길을 한두 걸음 앞쪽 발 디딜 곳만 쳐다보며 언제나처럼 멍때리며 걷고 있었다.

어느 순간 그의 서너 걸음 앞에 시커먼 물체가 보였는데 그것은 멧돼지였다. 아무 생각 없는 상태에서, 너무도 갑자기, 너무도 가까이에서 멧돼지와 눈이 마주친 것이다.

시간이 멈춘 듯하였다. 도망가야 한다는 생각도 들지

않았다.

 멧돼지도 전혀 예상하지 못하고 갑자기 닥친 상황인 듯 순간적으로 몸이 굳었는지 쳐다만 보고 있었고, 멧돼지 얼굴에서 이 상황이 무엇이지 하는 당황한 모습을 느낄 수 있었다.

 실제로는 짧은 시간이었겠지만 멈춘 듯한 시간이 다시 흐르자 멧돼지가 옆으로 방향을 틀어 서너 걸음 뛰어가더니 다리가 꼬여 몇 바퀴를 뒹굴었다. 그러고는 산 아래쪽으로 빠르게 달아났다.

 동진이는 그 자리에 서서 멧돼지가 파놓은 땅을 쳐다보며 멧돼지의 커다란 눈동자를 떠올렸다. 본인보다 멧돼지가 더 놀란 것 같아 웃음이 나왔다. 위험한 상황이었지만 그에게는 평생 잊을 수 없는 이색적인 경험이었다.

음치 아빠와 가수 딸

학창 시절 음치인 친구가 있었다. 들어 주기가 힘들 정도로 박자와 음정이 엉망이었다. 당시에는 노래방이 없던 시절이라 반주 없이 오로지 본인의 목소리로 노래하다 보니 음치가 더욱 부각되었다.

대학 졸업 후 각자 직장 생활에 적응하느라 한동안 못 보고 지내다 오랜만에 만나 술 한잔 후 노래방에서 그의 노래를 듣고 깜짝 놀랐다.

학창 시절의 음치는 사라지고 제법 노래를 잘 불렀다. 노래방에서 자주 노래를 부르다 보니 어느새 음치가 개선되었다는 그의 말을 듣고 음치도 노력으로 개선될 수 있는 것이라는 사실을 알게 되었다.

그에게는 어릴 적부터 친구들이 며느리 삼고 싶어했

던 예쁜 딸이 있었다. 또래들이 대학 입시를 위해 국영수 학원에 열심히 다닐 때 고등학생이 된 그의 딸이 그에게 예상 밖의 요청을 하였다.

"아빠! 나는 가수가 되고 싶어. 그래서 노래 학원에 보내줘."

그는 고민 끝에 딸의 진로를 인정하고 응원한 결과, 딸은 유명한 예술대학의 실용음악과에 진학해서 가수의 꿈을 키워나갔다.

어느 날 친구에게서 전화가 왔다. 그의 딸이 SBS가 방송하는 K팝스타에 출전하니 응원을 바란다는 내용이었다. K팝스타는 2011년에 시작되어 2017년 K팝스타6까지 진행한 가수 지망생들의 오디션 프로그램으로 지금의 미스트롯이나 미스터트롯만큼 선풍적인 인기를 끌었다.

당시 국내 유명 엔터테인먼트 회사의 대표들이 심사진으로 나와 도전자들에게 날카로운 지적과 발전 가능성의 심사평을 하여 더욱 흥미진진하였다.

그렇게 쟁쟁한 오디션에서 그의 딸이 상위권에 입상하자 주변에서는 이제 딸의 가수 꿈이 활짝 펼쳐질 거라고 생각했다. 그런데 10여 년이 지났지만 그녀는 인기 발라드 가수의 꿈을 위해 여전히 노력 중이다.

요즈음은 미스트롯이나 미스터트롯 등의 경연 프로그램 인기 영향으로 TV를 켜면 트로트 가수가 나온다. 그래서 트로트 가수가 아니면 인기를 얻기도 돈을 벌기도 쉽지 않은 시대가 된 것 같다.

"친구야! 트로트 가수로 진로를 바꾸면 안 되겠니???"

늦둥이가 더 행복하다

경수는 나이 40에 낳은 늦둥이 셋째가 있다. 늦둥이 얘기만 나오면 얼굴에 미소가 가득하고 집에도 빨리 들어가고 싶어한다. 경수가 늦둥이를 키워보니 생활에 엔돌핀이 생기고 키우는 마음가짐도 첫째 아이나 둘째 아이 때와는 다르다고 했다.

첫째와 둘째를 키울 때는 직장 생활로 몸이 피곤하고 마음에 여유가 없어 함께 놀아줄 때도 의무감으로 행동했으나, 늦둥이에게는 본인이 더 적극적으로 다가가 즐거운 마음으로 함께 어울린다.

그리고 첫째와 둘째의 경우, 아이의 취향과 상관없이 여러 개의 학원(태권도, 미술, 영어, 산수 등)에 보내 아이를 힘들게 했으나, 늦둥이의 경우, 경수가 꼭 필요하다고 생각한(대학까지 졸업하고도 외국인 앞에서는 벙어리가 되는 자신을 반성하며) 영어 학원과 늦둥이가 원하는 태권도 학원만 보냈다.

경수의 사례처럼 30대 후반 또는 40대에 낳은 늦둥이가 30살 전후에 낳은 아이보다 행복지수가 높은데 그 이유는 아래와 같다고 생각한다.

첫째, 부모의 정서적 안정이 아이에게 좋은 영향을 미친다. 정서적으로 안정된 부모 아래서 사랑을 많이 받고 자란 아이가 역시 정서적으로 안정된 성인으로 성장한다. 나이 40이 넘어가면 그동안 살면서 산전수전, 공중전을 어느 정도 겪어봤기 때문에 인생에 대한 여유 있는 가치관이 형성된다.

- 공부를 잘하면 좋지만 공부 못해도 잘 살 수 있는 다른 길도 많다.

- 돈, 명예, 사회적 지위보다 건강이 더 소중하다.

- 등 따뜻하고 배부르며 마음 편하게 사는 게 최고다.

- 인생 '그까이꺼' 정답이 없다.

둘째, 아이를 키워본 경험이 있다.

첫아이를 키울 때는 어떻게 키울지 몰라 부모님께 물어보고, 책도 보고, 선배들에게도 조언을 구하며 좌충우돌 키우게 된다. 아이를 하나둘 키우면서 노하우가 생기는데, 나이 터울 별로 없이 낳아 정신없이 키우는 것보다 어느 정도 터울이 있을 때 노하우가 더 커진다.

늦둥이라고 다 같은 늦둥이가 아니다. 요즈음은 결혼 자체가 늦어 첫아이가 늦둥이인 경우도 많다. 그런데 첫아이가 늦둥이인 경우보다 형(누나, 언니, 오빠)이 있는 막내 늦둥이가 형의 사랑까지 받아 더 행복하다.

셋째, 금전적으로 여유가 있다.

나이 40살이 넘어가면 직장에서 차·부장급 정도가 되고, 개인 사업으로 시작한 사람도 10여 년 이상의 업력이 쌓여 사회생활 초창기보다 금전적으로 안정되어 늦둥이에 대한 지출(지원)을 더 적극적으로 할 수 있다.

넷째, 아이와 놀아줄 시간이 많다.

사회생활 초기에는 회사 업무 배우느라 바쁘고, 기존 친구들과의 유대 관계도 유지해야 하고, 인맥을 넓히기 위해 새로운 친구도 사귀어야 하는 등 결혼, 회사, 사회에 적응하기 위해 무척 바쁘다. 반면 생활(가정, 직장)이 안정된 40대에는 첫째 아이 키울 때보다 더 능동적인 자세로 놀이하고 더 편안한 감성으로 교감함으로써 아빠도 늦둥이도 더 즐겁다.

늦둥이를 키우는 친구가 부러워 와이프에게 지나가는 말처럼 중얼거렸다.

"우리도 늦둥이가 있으면 좋을 텐데…."

와이프가 눈을 흘기며 말했다.

"나는 이제 능력(?)이 안 되니 당신이 데려오면 내가 자~알 키워줄게."

꿀알바 구하는 비법

철구는 성격이 밝고 부지런하며 적극적인 친구다. 작년 초 잘 다니던 직장을 그만두고 고향집으로 내려왔다. 경제적 여유가 있기에 직장 생활하는 와이프와 두 아들은 서울에 남겨두고 정년퇴직 나이 몇 년 전에 스스로 퇴직하고 어머니가 혼자 살고 계신 고향집으로 내려온 것이다

  몇 년 전 아버지가 돌아가신 후 연로하신 어머니는 농사를 그만두고 텃밭을 가꾸며 키운 작물을 보자기에 싸서 자식들에게 보내는 재미로 살고 있었다. 장남인 그는 대학 가면서부터 부모님과 떨어져 살았다. 아버지와 어머니가 함께 생활할 때는 생각하지 못했는데 어머니가 혼자서 외롭게 살아가신다고 생각하니 자식의 도리

를 다하지 못하는 것 같아 마음이 늘 불편했다.

어머니는 "처자식이랑 서울에서 살지 왜 내려왔느냐?"고 말했지만 동네 사람들에게는 "아들이 나와 함께 살려고 서울에서 왔다."며 자랑하듯 얘기하였다.

어린 시절 아버지가 농사일을 시키면 하기 싫었는데 엄마와 함께 텃밭을 가꾸는 일이 즐거웠고, 텃밭에서 키운 상추에 구운 고기를 싸서 엄마와 먹으니 너무 좋았다. 그리고 전기자전거를 구하여 고향의 구석구석을 다니며 고즈넉한 시골의 정취를 느끼고 오래된 옛친구들을 만나 학창 시절 얘기를 하며 즐거운 시간을 보냈다.

고향 생활에 익숙해져 가던 늦은 봄, 철구보다 수년 전에 먼저 귀향했던 친구가 말했다.

"철구야, 꿀알바가 있는데 나와 함께 해볼래?"

시에서 해마다 여름이면 한시적으로 물놀이 안전요원을 뽑는다는 것이다. 강과 계곡에서 물놀이하는 사람들이 위험지역으로 가는지 여부를 지켜보고 제지하는 아르바이트였다. 일은 쉽고 수당은 짭짤하여 경쟁이 치열하였다.

철구는 친구와 함께 지원했지만 본인을 떨어지고 친구만 붙었다. 지원자가 많다 보니 이전에 안전요원 아르바이트 경험이 있는 사람을 우선적으로 뽑았고 경험이 없는 사람은 신규로 진입하기 어려운 상황이었다.

철구는 이런 상태로는 다음 기회에 지원해도 물놀이 안전요원 아르바이트를 할 수 없을 것이라는 생각이 들었다. 좋은 방안이 없을까를 고민하다가, 물놀이 안전 관련 자격증을 따거나 교육을 이수하기로 하고 인터넷을 검색하여 수상안전요원 3급 자격증을 땄다.

그 결과, 올해 여름 물놀이 안전요원 모집에서 물놀이 안전 관련 자격증을 가지고 있는 지원자는 철구가 유일하여 가장 우선적으로 선발되었다. 시골에는 철구처럼 아르바이트 선발에 가점이 될 만한 것을 준비하는 사람이 없었던 것이다.

시원한 계곡의 그늘 아래서 여름철 꿀알바를 했던 철구는 현재 겨울철 꿀알바인 산불예방감시요원에 지원하기 위해 산림청에서 주관하는 산불안전 관련 교육을 이수하려고 준비 중이다. 아마 산불예방감시요원 꿀알바도 따놓은 당상일 거다.

철구가 너스레를 떨며 농담을 했다.

"꿀알바 얻는 법을 함부로 공개하면 안 돼. 이건 기업비밀이야."

제2부 사랑은 아름다워라

첫사랑 소녀의 야반도주

마을 냇가 옆 수양버들 나무 아래에서 만나자고 했던 15살 소녀가 갑자기 사라진 그날 밤을 잊지 못했다. 가슴 시린 아련한 추억 속에 소녀가 못다 한 얘기의 그리움을 가슴에 담고 동호는 수십 년을 살아왔다.

동호와 영숙은 나지막한 돌담을 경계로 이웃한 집에서 같은 해에 태어났다. 동호는 장남으로 태어났고 영숙이는 오빠가 둘 있는 막내였다. 담을 넘어 들려오는 옆집 가족들의 대화 소리를 서로 들으며 둘은 남매처럼 자랐다. 초등학교 들어가기 전 어린 시절, 여름에는 옷도 입지 않고 냇가에서 물놀이를 하였고 겨울에는 얼어붙은 냇가에서 썰매를 타며 놀았다.

작은 시골 마을이라 같은 초등학교와 중학교를 다녔

는데 영숙이는 예쁘고 똑똑해서 친구들 사이에서 인기가 많았다. 중학교에 들어가 사춘기가 되면서 둘 사이에는 이전과는 다른 사랑의 감정이 생기기 시작했다. 그러나 둘은 변화된 감정을 표현하지 않았고 그런 사춘기 감정보다는 여전히 남매 같은 분위기가 서로를 지배하였다. 중학교 2학년 여름방학이 얼마 남지 않았던 여름 어느 날 영숙이가 말했다.

"할 얘기가 있으니 내일 학교 마치고 수양버들 나무 아래서 잠깐 봐."

그날 밤 동호는 영숙이가 무슨 말을 할지 상상하느라 밤늦도록 잠을 이룰 수 없었다.

'영숙이에게 무슨 고민거리가 생겼나? 혹시 나를 좋아하나?'

다음 날 학교를 갔는데 영숙이가 보이지 않았다. 영숙이와 같은 반 친구에게 물어보니 영숙이가 결석했다고 했다.

수업을 듣는 둥 마는 둥하고 학교를 마치자 바로 집으로 갔더니 영숙이 집 마당에 마을 사람들이 모여 큰 소리로 대화를 나누고 있었다. 엄마에게 영숙이 집에 무슨 일 있느냐고 물었더니 영숙이 엄마가 곗돈을 떼먹고 어젯밤 몰래 가족 모두가 도망갔다는 것이다. 그 후로 영숙이가 어디서 어떻게 살고 있는지 궁금했지만 그녀의 소식을 알 수 없었다.

영숙이가 갑자기 사라지고 약 30년의 세월이 흐르는 동안 그녀와의 아련한 추억을 가슴에 담고 서울에서 살아가던 어느 날, 우연히 만난 동창생에게서 영숙이가 부산에 살고 있다는 소식과 그녀의 연락처를 알게 되었다.

긴장된 마음으로 건 전화기 너머로 들리는 목소리는 오랜 세월이 지났지만 단번에 영숙이임을 알 수 있었고, 둘은 수십 년의 세월을 거슬러 올라가 어린 시절의 친근함으로 한참 동안 통화했다. 그리고 얼마 후 서울에서 대학을 다니고 있는 아들을 보기 위해 그녀가 서울을 방문하자 드디어 둘은 만나게 되었다.

카페에 들어서는 영숙이는 소녀 시절 예뻤던 얼굴이 남아 있는 고운 중년 여인이 되어 있었다. 서로의 안부를 묻고 분위기가 다소 차분해지자 영숙이가 가족과 함께 사라진 그날 밤 이야기를 꺼냈다.

"집이 곧 이사 갈 것 같은 분위기를 느끼고 있었지만 그렇게 갑자기 그것도 한밤중에 몰래 갈 줄은 몰랐어. 그날 밤 엄마가 잠든 나와 오빠들을 깨우더니 조용히 꼭 필요한 것들만 챙기라고 하더라. 엄마와 아빠는 이미 짐 보따리를 몇 개를 꾸려둔 상황이었어.

처음에는 몰래 도망간다고 생각하니 무서웠어. 특히 집에서 마을을 빠져나가는 동안은 떨려서 죽는 줄 알았어. 그런데 마을을 빠져나오자 눈물이 나더라.

부산의 산비탈 마을로 이사를 가서 한동안은 아무 일 없이 조용히 살았는데 몇 달 지나니 어떻게 알았는지 빚쟁이들이 집으로 찾아와 행패를 부렸어. 그 후로도 몇 차례 더 이사를 했고, 아무튼 중 고등학교 시절 내내 무척 힘들었어. 고등학교를 졸업하고 조그만 공장에 경리로 취직하면서 조금씩 안정을 찾았고, 공장 사장님께서 소개해준 조카를 만났는데 나를 무척 아껴주는 따뜻한 사람이라는 생각이 들어 결혼을 했어."

동호는 한동안 영숙이를 물끄러미 바라보다가 수십 년을 가슴속에 묻고 있던 얘기를 꺼냈다.

"그때 수양버들 나무 아래서 만나면 무슨 말을 하려고 했니?"

잠시 머뭇거리던 영숙이가 나지막한 목소리로 대답했다.

"우리 집이 이사 가는 것을 너에게는 미리 알려줘야 한다는 생각이 들었어. 그리고 이사 가면 편지할 테니 꼭 답장하라는 얘기를 하려고 했어."

만약 동호와 영숙이가 수양버들 나무 아래서 만났다면 그들의 운명은 어떻게 달라졌을까….

목숨 걸고 이룩한 사랑

작은 시골의 이웃 마을에 살던 동갑내기 남자와 여자는 고2 때부터 사귀기 시작하여 같은 대학에 입학하기로 약속하고 공부와 연애를 병행하였으나 각자 다른 대학으로 진학하여 떨어져 생활하게 되었다.

남자는 서울로 진학하였고, 여자의 경우 집에서 너무 먼 곳으로 떨어져 생활해서는 안 된다는 부모님의 반대로 서울로 가지 못하고 가까운 대도시의 대학으로 진학하였다.

둘은 변하지 말자는 언약과 함께 학기 중에는 편지를 자주 하기로 약속하고 각자의 도시를 향해 기차에 올랐다.

남자에게 서울의 대학 생활은 새로운 세상이었다. 작은

시골 마을에서 자연과 더불어 살았던 그에게 서울 여학생의 얼굴, 옷, 말씨, 미소, 모든 것이 세련되고 예뻤다.

방학 때 고향에서 여자친구를 만날 때마다 서울의 여학생과 비교되어 좋아하는 감정이 점점 줄어들었고 결국에는 헤어지는 것이 낫겠다는 생각을 하게 되었다.

군 입대를 앞둔 어느 날, 남자는 여자를 뚝방 길에서 만나 한참을 말없이 걷다가 심각한 얼굴로 말했다.

남자: 군대 있는 동안 나 기다리지 마!

여자: 기다리지 말라니 무슨 말이야?

남자: 나보다 좋은 다른 남자 만나라.

여자: 너 진심이야?

남자: 그래. 힘들게 기다리지 말고 좋은 남자 만나 행복해라.

여자가 남자를 가만히 쳐다보다가 한마디 했다.

"나 죽어버릴 거야!"

그리고는 여자가 뚝방 길 아래로 조용히 걸어 내려갔다.

남자는 여자가 헤어지기 싫어 자기에게 겁을 좀 주려는 것으로 생각하고 강 쪽으로 걸어가는 여자에게 소리쳤다.

"미숙아 왜 그래."

여자는 강가에 이르러 고개를 돌려 남자를 한번 쳐다보고는 말없이 강물 안으로 발을 내디뎠다.

남자는 그때서야 정신이 번쩍 들었다. 쏜살같이 달려가 무릎까지 잠긴 채 더 깊은 물속을 향해 걷고 있는 여자를 잡았다.

"미숙아, 미안해 내가 잘못했어."

평소 순진하고 착하다고 생각했던 여자의 목숨을 건 돌발 행동에 놀란 남자는 잘못 처신하다가는 큰일 나겠다는 두려움을 갖게 되었다.

그 후 남자가 제대하고 복학을 하자, 먼저 졸업하고 직장을 다니던 여자는 수시로 서울로 가서 남자의 학교생활(?)을 확인하였고, 남자가 취직을 하자마자 여자의 오랜 바람대로 둘은 결혼에 골인하였다.

세월이 한참 흐른 어느 날, 남자가 여자에게 물었다.

"그때 진짜 강에 빠져 죽으려고 했어?"

여자가 웃으며 대답했다.

"미쳤어? 죽기는 내가 왜 죽어."

음식을 맛있게 잘 먹는 여자가 좋다

준규는 학창 시절 음식을 참 맛있게 먹었다. 학교에서 먹는 점심뿐만 아니라 학교 밖 분식집에서도 음식을 남기지 않고 잘 먹었다. 그렇다고 다른 친구들보다 아주 많이 먹는 것은 아니었다.

그런데 그가 대학을 가서 만나는 여자들은 음식을 조심스럽게 먹으며 양도 적게 먹었다. 같은 과 여학생들이랑 점심을 먹거나 소개팅에서 식사를 할 때도 여학생들은 조금만 먹고도 배가 부르다며 수저를 놓았다.

취업을 하고 사회에서 만났던 여자들도 양이 많지 않은 파스타를 남기거나 조그만 피자 한두 조각으로 식사를 마무리하였다.

음식을 맛있게 먹어야 복이 들어온다는 부모님의 말

씀을 듣고 자란 그는 여자들의 이러한 식사 모습을 이해할 수 없어 여동생에게 물었더니 남자에게 잘 보이려는 모습이며 많은 여자들은 더 먹고 싶지만 참는 내숭이라고 했다.

그런데 지금의 준규 와이프는 달랐다. 첫 만남에서 파스타의 소스도 거의 남기지 않고 그릇을 깨끗하게 비웠다. 식사 후 간 맥줏집에서도 치킨의 뼈를 발라가며 맛있게 먹었다. 그 후 데이트에서도 둘은 어떤 음식이든 맛있게 함께 먹으며 사랑을 키웠다. 와이프의 다른 모습들도 좋았지만 특히 음식을 맛있게 먹는 모습이 좋아 청혼하고 결혼하였다.

시간이 흘러 아이 둘이 초등학교를 다니던 어느 일요일, 족발을 배달시켜 온 가족이 함께 먹고 있었다. 족발의 살코기를 다 먹고 준규와 아이들은 소파로 자리를 옮겼지만 와이프는 족발의 뼈에 붙은 살을 맛있게 뜯어 먹었다.

평소처럼 음식을 맛있게 먹고 있는 와이프의 모습이 그날은 준규에게 이상하게 낯설게 다가왔다. 그날 이후 와이프가 식은 밥과 반찬 여러 가지를 커다란 그릇에 넣고 밥을 비벼먹는 모습이 보기 싫었다. 어느 날은 밥 좀 이쁘게 먹을 수 없느냐고 와이프에게 핀잔을 주었더니 와이프가 대꾸했다.

"언제는 내가 맛있게 먹는 모습이 예쁘다더니 지금은 왜 그래? 남은 음식 버리면 아깝잖아. 그럼 당신이 먹어."

와이프는 변한 것이 없다. 결혼 전이나 결혼 후나 변함없이 음식을 맛있게 먹을 뿐이다. 와이프가 변한 게 아니라면 준규가 변한 것인가? 세상 만물이 변하는데 세월의 흐름에 따라 사람의 감정이 변하는 것은 어쩔 수 없을 것이다. 한때 TV에 유행했던 말이 있다.

"사랑은 변하는 거야."

그렇다면 사랑이 변한 부부들은 무엇으로 사는가? 사

람들은 쌓인 정 때문에 혹은 동고동락한 의리 때문에 함께 산다고 말하지만 또 다른 누군가는 그냥 산다고 말한다.

이제는 말할 수 있다

안동의 뼈대 있는 가문에서 태어나 초등학교 입학 전까지 할아버지로부터 천자문을 배운 현일이는 회사 입사 시절부터 촉망받는 사원이었다. 친근한 인상과 똑 부러지는 업무처리뿐만 아니라 업무성과도 탁월하여 입사동기 중에서 선두주자였다.

30대 중반이 되도록 결혼을 하지 않고 노총각으로 지내는 그를 평소에 눈여겨보던 입사동기 K가 그에게 여동생을 소개해주겠다고 제안했다.

"현일아! 우리 동생 이쁘고 착해. 미국 유학 다녀와서 지방대학에서 강의하고 있는데 소개해 줄 테니 한번 만나 봐."

입사동기 K가 여러 번 설득했으나 현일이는 '지금은

결혼할 생각이 없다'며 간곡히 거절했다.

몇 년 후 입사동기 K는 퇴사하였고 현일이는 40살에 중매로 결혼하여 늦둥이 아들 하나를 낳아 행복하게 살고 있으며 현재는 다른 회사로 이직하여 사장으로 재직하고 있다.

매년 12월마다 현일이와 입사동기들은 모임을 통하여 신입사원 시절을 회상하며 즐거운 시간을 가지고 있다. 지난 겨울 입사동기 모임에서 참석자 모두 술기운이 올라 분위기가 고조 되었을 때 입사 동기 K가 현일이에게 목소리를 높였다.

"현일아! 옛날에 내가 우리 동생 소개시켜 준다고 했을 때 왜 한사코 거절했어?"

"미안하지만 그때 나에게 말 못 할 사정이 있었어. 내가 중학교 때 아버지 사업이 부도가 나서 집안이 경제적으로 무척 어려웠어. 아버지는 채권자를 피해 숨어 살며 빚을 갚아야 하는 처지였는데, 그 와중에도 아버지께서 삼형제 중 가장 공부를 잘했던 나 하나만큼은 끝까지 공부를 해야 한다고 말씀하셨어.

대학을 포기한 형님 둘은 고등학교 졸업 후 취업하여 돈을 벌어 집안 살림에 보탰고, 나는 형님들의 지원으로 대학 학비와 생활비를 충당할 수 있었어.

그래서 나는 취직해 돈을 벌면 부모님과 형님들 은혜를 먼저 갚기로 결심하고 회사에서 월급을 받으면 내 생활비를 제외하고 모두 부모님과 형님에게 드리는 생활을 30대 중반까지 하여 그 당시 나는 모아둔 돈이 거의 없었어.

내가 너의 여동생 소개 제안을 받아들일 수 없었던 것은 내가 모아둔 돈이 없기도 했지만 그보다는 다른 이유가 있었어. 내가 대리 시절, 과장님이 여동생을 소개시켜 주셨는데 그 여동생에게 가난하다는 이유로 차였을 때 엄청난 충격을 받았어.

자존심이 얼마나 상하던지…. 그러다 보니 자신감도

없어지고…. 다시는 그런 모멸감을 느끼고 싶지 않았어. 그래서 돈을 모으기 전까지는 절대 여자를 만나지 않겠다고 결심했었어.

지금 생각해 보면 그렇게까지 할 필요가 있었나 하는 생각이 들지만 그때는 힘들었어."

현일이의 얘기를 들으며 얼굴이 상기되었던 입사동기 K는 한숨을 쉬며 말했다.

"현일아, 그런 사정이 있으면 얘기를 하지. 경제적인 문제야 우리 집에서 해결할 수도 있었잖아."

그날 밤 현일이와 입사동기 K는 취하도록 술을 마셨다.

현일이는 힘들었던 과거를 회상하며, 그리고 입사동기 K는 아직도 미혼으로 외롭게 혼자 살고 있는 여동생을 걱정하며….

같은 경험 다른 추억

결혼식을 마치고 신혼여행 패키지를 이용하여 필리핀 세부로 여행을 갔다. 호텔에 도착하여 방을 배정받고 짐을 풀기도 전에 우리 부부는 먼저 수영장을 이용하기로 했다. 그때 시간이 저녁 9시가 넘었던 것으로 기억한다. 수영복을 챙겨 수영장에 내려가니 수영장 마감 시간이 얼마 남지 않은 시간이었다.

 탈의실에서 수영복을 갈아입고 수영장으로 나가니 비치 의자에 나란히 앉아 있는 커플로 보이는 서양인 남녀 한 쌍 외에는 아무도 없었다.

 수영장은 지금까지 본 적 없는 남국의 예쁜 수목들이 조명을 받아 환상적인 분위기를 연출하고 있었고 밤의 아늑함과 고요함이 더해 마치 다른 세상에 있는 듯하였다.

 남편은 벌써 물속에서 놀고 있었는데 나를 보더니 빨리 오라고 손짓하였다. 얼른 물속으로 들어가 남편이 있는 곳으로 걸어가는데, 남편은 나를 반기는 듯 여전히 손을 흔들고 있었다.

 밤이라 어두워 정확하게 알 수는 없었지만 남편의 손짓이 뭔가 이상하다는 생각이 들어 속도를 내어 남편에게 다가가고 있을 때 나의 몸이 갑자기 깊은 물 속으로 빠져 들어갔다. 수영을 할 줄 모르던 나는 물을 먹으며 살려달라고 소리쳤다.

 느낌상으로는 한참을 허우적거렸고 거의 정신이 혼미해졌을 때쯤 누군가가 나를 잡는 것을 느끼고 정신을 놓아버렸다.

 얼마나 지났을까? 누가 나를 흔들어 깨우는 것 같아 눈을 뜨니 잘생긴 서양인 남자가 내려다보고 있었다. 나에게 뭐라고 하였지만 무슨 말인지 알아듣지 못하고 정신을 차리려고 노력하였다.

죽다가 살아났다는 안도감보다는 잘생긴 서양인 남자가 나를 구해줘서 창피함과 함께 행복감이 더 크게 느껴졌다.

정신을 차려 옆을 보니 남편은 얼이 나간 얼굴로 기대어 앉아 있었다. 호텔 수영장 이용은 처음이고 특히 이 호텔 수영장의 특성을 모르고 이용하여 실수로 발생한 사고였다. 수영장 깊이와 이용에 대한 안내 문구가 있었지만 급한 마음과 어둠 때문에 못 본 것이다

하나의 수영장에서 한쪽의 깊이는 허리 정도이고 다른 한쪽의 깊이는 가슴 정도였다. 문제는 수영장 바닥에 완만한 경사가 있는 것이 아니라 허리 정도 깊이에서 급하게 가슴 정도 깊이로 깊어지는 구조였다.

일반적으로는 가슴 정도 깊이라 똑바로 서면 괜찮은데 수영을 할 줄 몰랐던 나와 남편은 갑자기 가슴 깊이의 물에 빠지자 놀라서 허우적거렸던 것이다.

세월이 많이 흐른 지금 가끔씩 신혼여행 호텔 수영장 사고 얘기를 하면 남편은 악몽을 꾼 듯 인상을 찌푸린다.

"신혼여행 가서 죽을 뻔한 그 얘기 하지 마."

하지만 나는, 잘생긴 서양인 남자가 물에 빠진 나를 구조하여 인공호흡으로 살려준 아름다운 추억으로 기억하고 있다.

"백마 탄 남자가 나를 구해줬으면 끝까지 책임을 질 것이지…"

첫사랑은 잊어 주세요

나이 50이 넘은 친구 3명이 오랜만에 만나 즐겁게 저녁 식사를 하고 있었다. 한 친구가 다른 친구들의 의견을 구하고 싶은 것이 있다고 했다. 잠깐 뜸을 들이던 친구가 말했다.

"첫사랑 여자가 얼굴 한번 보고 싶다고 연락이 왔는데 만나야 할지 말아야 할지 모르겠다."

대학 1학년 때 만나 군대 가면서 헤어졌는데, 얼굴이 하얗고 긴 머리를 가졌던 예쁜 여학생이었다고 했다. 한 친구가 대답했다.

"섬씽만 없으면 되잖아. 한번 만나 봐. 그동안 어떻게 살았는지도 물어 보고…."

다른 친구가 대답했다.

"젊은 날의 첫사랑은 나이 들어 만나지 않는 것이 좋아. 왜냐하면 기억 속에 있는 예쁘고 청순했던 옛 모습은 없고 변해버린 모습을 볼 거야. 그러면 첫사랑의 아름다운 추억은 사라지는 거야."

서로 의견을 나누었지만 첫사랑 여인을 만날지 말지 결론을 내리지 못했고 식사를 마친 친구들은 헤어졌다. 그리고 몇 주 후 고민을 털어놓았던 친구에게서 연락이 왔다. 그는 고민하다가 궁금해서 첫사랑을 만났었는데 괜히 만난 것 같다고 했다.

"기억 속의 예쁘고 청순한 아가씨는 오지 않고 얼굴 크고 뚱뚱한 아줌마가 나왔더라. 그리고 이혼하고 혼자 외롭게 산다고 얘기했어."

친구 얘기를 듣고 웃으며 내가 한마디 했다.

"친구야 그래서 첫사랑에 대한 유명한 가르침(?)이 전해져 내려오는 거야."

세월이 흐른 후 첫사랑 여자는 절대 만나지 말라. 여

자가 고생하고 잘못 살았으면 가슴이 아프고, 나보다 좋은 남자 만나 잘 살았으면 배가 아프다.

별이 된 남자친구를 잊지 못하는 여학생

내가 군대 제대 후 대학 3학년 가을학기에 복학하고 얼마 지나지 않았을 때 일이다. 그날도 평소처럼 수업을 마치고 도서관에서 공부를 하고 있는데 후배가 오더니 어떤 여학생이 나를 찾아왔다고 했다.

도서관 문밖에는 처음 보는 낯선 여학생이 서 있었다. 눈이 크고 귀엽게 생긴 그녀는 금방이라고 울 듯한 슬픈 표정이었다. 그녀가 머뭇거리며 아무 말도 하지 않아서 내가 먼저 말을 꺼냈다.

"제가 이용수입니다. 무슨 일로 저를 찾아오셨어요?"

"죄송하지만 진기 씨 때문에 할 얘기가 있어 왔어요."

진기는 나와 다른 대학에 다니던 고향 친구로 2개월 전쯤 자취방에서 잠을 자다가 갑자기 심장마비로 별이 된 친구였다. 그런데 진기에게 여자친구가 있다는 얘기를 들은 적이 없기에 여학생의 정체가 궁금했다.

도서관 부근 벤치에 앉은 그녀와 나 사이에 잠깐의 침묵이 흘렀다. 그녀가 작은 목소리로 자신을 진기의 여자친구라고 소개했을 때 그녀의 눈에 눈물이 맺히는 것을 보았다.

대학 1학년인 그녀는 같은 대학교 동아리 선배였던 진기의 남자다움에 반해 좋아했지만, 나이 차이가 많이 나는 후배와 사귈 수 없다는 진기의 거절에도 불구하고 계속 따라다녔고 결국 둘은 사귀게 되었다.

진기는 그녀에게 A대학교 경영학과를 다니고 있는 나를 어릴 때부터 마음이 통하는 절친이라고 얘기했었다고 말했다.

"진기 오빠를 많이 좋아했어요. 지금도 어디선가 오빠가 나타나 내 이름을 불러 줄 것 같아요. 오빠가 너무 보고파서 혹시 용수 씨를 만나면 마음이 좀 괜찮아질까 해서 찾아 왔어요."

그날 그녀와 나는 진기에 대해 가지고 있는 각자의 추억을 한참 동안 나누었고, 그 후로도 그녀는 종종 나를 찾아와 진기에 대한 그리움을 얘기하곤 했다.

그녀가 계속 나를 찾아오자 '그녀가 얼마나 진기를 좋아했기에 이러나' 하는 생각과 '내가 언제까지 그녀의 얘기를 들어 주어야 하는가?' 하는 생각 등 여러 가지 복잡한 마음이 들었다. 아무튼 진기에 대한 그녀의 그리움은 좀처럼 식지 않았다.

그런데 그녀가 처음 나를 찾아온 지 5개월 정도 지나면서 더이상 그녀를 볼 수 없었다. 나는 그녀가 찾아오지 않자 해방감도 있었지만 한편으로는 그녀가 어떻게 지내고 있는지 궁금하였다.

핸드폰이 없던 시절이라 그녀에게 쉽게 연락할 방법도 없었지만 내가 먼저 연락하는 것이 적절하지 않다는 생각이 들었다.

그렇게 그녀를 잊어 가고 있던 즈음, 시내 번화가에서 우연히 그녀의 친구를 만나서 그녀의 소식을 들을 수 있었다.

"미징이가 새로운 남자와 사랑에 빠졌어요."

입으로는 그녀의 친구에게 잘된 일이라고 말했지만, 마음속으로는 '그녀가 현재 만나고 있는 남자가 내 친구 진기보다 멋진 녀석일까?' 하는 옹졸하고 유치한 궁금함이 생겼다. 그리고 TV 드라마 속 주인공의 대사가 생각났다.

실연의 아픔은 새로운 사랑으로 극복하는 거야.

DJ 박스 안의 이쁜 여학생

1980년대 대학가 앞에는 음악다방이 유행하였다. 다방 안 한쪽에는 레코드판을 턴테이블에 올려 음악을 틀어주는 DJ 박스가 있었다. DJ 박스 전면은 유리로 되어 있어 박스 안쪽을 볼 수 있었고, 레코드판으로 가득 찬 박스 안 벽면은 음악다방의 분위기를 고조시켰다.

 음악다방의 주요 손님은 여대생이었다. 음악을 들으며 커피, 차를 마시기 위해 왔는데 그래서인지 DJ는 거의 남자였다. 여학생들이 듣고 싶은 음악의 제목을 메모지에 적어 박스로 넣어주면 DJ가 가수, 음악에 대한 소개뿐만 아니라 농담과 우스개 소리를 섞어가며 음악을 들려주었다. 잘생기고 인기 있는 남자 DJ가 있는 음악다방은 여학생들로 북적거렸다.

한편 남학생들은 소개팅이나 단체미팅을 제외하면 음악다방을 거의 찾지 않았다.

어느 날 수업이 끝나고 교문을 나서던 그때 민호가 이쁜 여학생 DJ가 있는 음악다방을 알고 있다며 함께 가자고 제안하였고 모두 민호의 설득에 넘어가 그 음악다방에 가게 되었다.

전체적으로 어두운 조명의 다방에 들어섰을 때 입구 반대편에 있는 DJ 박스 안에는 긴 머리에 청순한 이미지의 여학생이 앉아 있었다. 멘트 없이 신청한 음악의 레코드판을 찾아 틀어주는 것으로 보아 아르바이트 학생인 듯했다.

그 후로도 민호의 부탁에 가끔씩 그 여학생을 보러 음악다방에 갔는데 어느 날은 민호가 장미 한 송이를 준비하여 신청 음악이 적힌 메모지와 함께 여학생에게 주었다.

〈Crazy Love〉, 폴 앵카의 노랫소리가 다방 안을 가득 채울 때 여학생을 짝사랑하는 민호의 마음은 커져만 갔다. 그 후 민호는 여러 차례 장문의 편지를 써서 여학생에게 전달하였지만 여학생의 반응은 없었다.

얼마 뒤 민호의 구애가 부담되었는지 여학생은 음악다방을 그만두었다. 그 사실을 안 민호는 여학생의 학과를 수소문하여 수학교육학과 강의실로 찾아가 수업을 마치고 나오는 그녀를 기다려 말을 붙여보았으나 여학생은 사귀는 사람이 있다는 말과 함께 총총걸음으로 멀어져 갔다.

민호는 같은 동아리의 여자 후배를 통하여 그 여학생에게 사귀는 남학생이 없는 것 같다는 얘기를 듣고 '열 번 찍어 넘어가지 않는 나무 없다.'는 생각으로 시간이 날 때마다 수업을 마치고 나오는 여학생을 기다렸지만 여학생은 말없이 지나쳐 갔다.

중간고사가 끝나고 축제가 얼마 남지 않은 그 날도 민호는 여학생을 기다리고 있었다. 수업을 마치고 건물을 빠져나오는 그녀에게 다가가고 있는 그때, 어떤 남자가 손을 흔들며 그녀 곁으로 성큼성큼 걸어가고 있었고 그녀도 활짝 웃는 얼굴로 남자를 맞이하였다. 그녀와 남자는 당황한 민호에게 다가와 무엇인가를 얘기를 했는데 민호는 기억이 나질 않는다고 했다.

그 얘기를 들은 친구들 중에는 그 남자는 그녀와 사귀는 사람이 아니라 민호를 떼어내기 위한 가짜라는 주장을 하는 친구도 있었지만 확인할 방법이 없었다.

짝사랑의 열병을 심하게 앓았던 민호는 졸업할 때까지 그녀가 수업하는 건물 근처에는 가지 않았다.

지금은 결혼하여 아들, 딸 키우며 행복하게 살고 있는 민호가 술자리에서 얘기했다.

"그 당시는 죽고 싶을 만큼 힘들었는데 지금 생각하면 솔직히 내가 왜 그렇게까지 그 여학생을 좋아했는지 이해가 안 된다."

로또 1등 당첨보다 낮은 확률이 발생했다

금융회사에 다니던 경호는 2008년 세계금융위기 때 어쩔 수 없이 회사를 명퇴했다. 그를 받아줄 금융회사는 없었고 그렇다고 기존 직무와 관련 없는 회사에 들어가 월급쟁이를 계속하기는 싫었다.

그래서 그는 공인중개사 자격증을 취득하여 서울 변두리 아파트 밀집 지역에 부동산중개 사무실을 개설하여 수입은 이전보다 줄었지만 마음은 편한 생활을 하고 있었다.

벚꽃이 피기 시작하던 이른 봄날, 오랜만에 거래가 성사되어 기쁜 마음으로 하루를 시작했다. 그날 오후 임대인과 임차인 그리고 양측 중개인이 한자리에 앉아 아파트 전세계약서를 작성하고 있었다. 임대인의 경우 소유

주인 부인이 바쁜 일이 있어 참석하지 못하여 잔금 지급일에 참석하기로 하고 남편이 대신 계약 자리에 나왔다.

상대방 중개인이 작성한 계약서를 검토하던 중 경호는 이상한 내용을 보게 된다. 임대인의 주민등록번호 뒷자리 7자리 중 첫 번째 숫자를 제외한 6자리 숫자가 본인의 주민등록번호 뒷자리와 동일하였다.

첫째 자리 숫자는 남녀를 나타내는 1과 2이고 나머지 6자리는 출생지역을 나타낸다고 알고 있었는데, 그럴 경우 임대인과 경호는 같은 지역에서 태어난 사람이라는 것을 짐작할 수 있었다.

'이경애' 이름을 보니 익숙하였고, 출생년도를 감안하여 곰곰이 생각하니 아련히 떠오르는 이쁜 얼굴이 있었다.

약 100가구 정도의 집들이 모여 살던 조그만 고향 시골 마을에 경호가 짝사랑하던 여고생이 있었는데 같은 마을에서 어릴 적부터 함께 자랐지만 마을에서 마주치면 인사말 정도 하는 사이로 서로 친하게 지내지는 않았다.

읍내 고등학교로 통학하는 버스 안에서 마주치면 다른 남녀 학생들이 함께 있어 서로 아는 척을 하지 않았으나 경호의 마음은 두근거리고 설레었다.

어느 날 용기를 내어 그녀에게 소설책을 빌린 경호는 여름날 저녁에 읽은 책을 돌려주기 위해 마을 외곽의 뚝방 길에서 그녀를 만나기로 하였다.

어둑어둑해지던 무렵, 둘은 뚝방 길에 앉아 이런저런 얘기를 나누다 경호의 갑작스런 입맞춤에 놀란 그녀가 반사적으로 경호의 뺨을 때리고 놀란 얼굴로 멀어져 갔다. 그 후로 길에서 그녀를 마주쳐도 얼굴을 제대로 바라볼 수 없었고, 서울로 대학을 진학한 이후로는 그녀를 본 적이 없었다.

넓은 서울 하늘 아래에서 짝사랑했던 예쁜 그녀를 주

민등록번호 뒷자리가 같아서 우연히 만나게 된 경호는 행운이 찾아왔다며 즐거운 상상에 빠지게 되었다.

'그녀를 만나면 첫 마디를 무엇으로 시작하지?'

'짝사랑 그녀를 이렇게 극적으로 만나다니 운명의 장난인가?'

그녀를 만나게 될 생각에 하루하루가 즐거웠으나 손꼽아 기다리는 잔금 지급일은 느리게 다가오고 있었다. 잔금 지급일 약속 시간보다 일찍 가서 짝사랑했던 그녀를 기다리던 경호는 부동산 사무실로 들어오는 여인을 보고 당황스러웠다.

만약 짝사랑했던 여자라는 사실을 모르는 상태에서 그녀를 봤다면 알아볼 수 없을 것 같은 그녀의 변한 얼굴에 마음속으로는 실망감이 가득했지만 겉으로는 평정심을 유지하고 여느 계약자처럼 인사를 나눴다.

그녀도 들어올 때 경호를 쳐다보고 눈빛이 약간 흔들렸지만 초면인 것처럼 행동하였고 별도의 얘기 없이 계약을 마치고 돌아갔다.

임대차계약서에 경호와 그녀의 전화번호가 적혀 있었지만 그 후에 둘은 누구도 서로에게 연락하지 않았다.

천만 명이 사는 서울에서 주민등록번호 뒷자리가 같은 짝사랑 여인을 만나게 된, 확률적으로 로또 1등 당첨(약 815만분의 1)보다 일어나기 어려운 일이 발생했다며 목소리를 높여 친구들에게 얘기하던 경호가 고개를 갸우뚱거리며 얘기했다.

"이상하네. 고등학생 때는 이뻤는데 왜 그렇게 얼굴이 변했지? 고생을 많이 했나?"

학창 시절 연애 경험이 많았던 친구가 위로인 듯 아닌 듯 한마디 했다.

"그 당시에는 니 눈에 콩깍지가 씌여 예쁘게 보였던 거야. 그리고 피어나는 여고생 때는 웬만하면 예쁘게 보이는 거야."

그 아주머니는 이혼했을까?

80년대 후반 대학생이던 나는 친구 3명과 함께 대학 시절 추억을 남기기 위해 여름방학을 이용하여 한라산 등산을 하기로 하였다.

청춘의 호기로움으로 텐트 야영과 취사를 직접 하며 걸어서 올라가 백록담을 직접 눈으로 보고 싶었다. 텐트와 버너 등 여러 가지 물품을 가득 넣은 무거운 배낭을 메고 힘겹게 언덕을 올라 정상에서 멀지 않은 곳에 있는 쉬는 포인트에 도착하니 예닐곱 명의 중년 아주머니와 아저씨들이 쉬고 있었다. 그중 한 분이 학생들이 무거운 배낭을 메고 등산하는 모습을 보니 본인 자녀들이 생각난다며 먹고 있던 과일을 나누어 주셨다.

우리가 아저씨 일행들보다 먼저 출발하여 약 20분쯤

산을 오르고 있을 때 앞서 걷고 있는 아주머니 한 분을 보았다.

아주머니는 우리를 보자 물 좀 얻어 마실 수 있냐고 물었다. 자세히 보니 아주머니는 배낭도 없었고, 손에도 아무것도 가지고 있지 않았다. 아주머니께 물을 나눠 드리고 함께 한라산 정상까지 걸으며 이런저런 얘기를 나누었다.

"아주머니는 혼자 오셨어요?"

"아니, 함께 왔는데…."

아주머니가 말꼬리를 흐리며 머뭇거렸다.

"다른 분들은 먼저 가시고 낙오되신 거예요?"

하늘을 한번 쳐다본 아주머니는 푸념하듯 혼자 산행하게 된 이유를 설명했다.

남편 친구들인 부부 4쌍이 제주도 놀러와서 한라산 등산을 하게 되었다. 그런데 아주머니의 남편은 경사진

코스에서 친구 부인들의 손을 잡아 당겨주면서 아주머니에게는 신경을 쓰지 않았다고 한다. 그래서 아주머니가 남편에게 눈치를 줬지만 남편이 계속해서 친구 부인들에게 등산 도움을 주자 화가 나서 일행들이 쉴 때 본인은 쉬지 않고 홀로 길을 나섰다는 것이다.

아주머니가 단호한 어조로 혼잣말처럼 하는 말이 우리를 당황스럽게 했다.

"집에 가면 당장 이혼할 거야."

한라산 정상에 도착하여 우리가 기념사진을 찍자 사진기가 없던 아주머니는 우리 사진기로 백록담을 배경으로 기념사진을 찍어달라고 하시며 사진을 집으로 보내 달라는 부탁까지 하였다(물론 아주머니가 집 주소를 알려 주셨다).

백록담에서 아주머니와 헤어져 산을 내려오는 내내 우리의 주된 대화 내용은 아주머니에 관한 것이었다.

'아주머니 남편은 왜 그런 행동을 했을까?'

'설마 그만한 일로 이혼을 할까?'

　서울에 도착하여 인화된 사진을 보냈지만 아주머니로부터 아무런 연락이 없었다. 연락이 없는 게 당연할 수도 있지만 이혼 여부가 궁금하였다.

　아주머니에 대한 생각을 잊고 있던 즈음에 아주머니 주소가 적힌 우편물이 집으로 도착하였고 우리는 이혼 여부의 답을 알 수 있었다.

　편지봉투 안에는 아주머니 딸의 대학교 축제 팜플렛과 한라산 산행 때 엄마를 도와줘서 고맙다는 딸의 짧은 메모가 있었다.

　아마 남편이 두 손 모아 싹싹 빌었나 보다….

신혼 첫날밤에 생긴 일

나이 들어 소개로 만나 친구들보다 결혼이 늦은 신혼부부가 괌으로 신혼여행을 갔다. 여행사 패키지로 여행을 간 그들은 괌 도착 첫날의 일정을 끝내고 저녁 식사를 마친 후 곧바로 호텔에 투숙했다.

마음이 급했던 신혼부부는 호텔방에 들어가자마자 샤워를 하고 침대에서 꿈같은 시간을 갖고 있었다. 한참 분위기가 고조되고 있을 때 쿵 하는 큰소리에 놀라 고개를 돌려보니 덩치 큰 서양인 남자가 그들을 쳐다보고 있었다.

신혼부부가 놀라서 큰소리를 지르자 남자는 도망가듯 문을 닫고 사라졌다. 신혼부부는 조금 전 그들이 객실에 들어올 때 문을 잘못 닫았나 하는 생각이 들었다.

그런데 남자가 사라진 자리에는 장식장이 바닥에 넘어져 있었다.

정신을 차리고 호텔 직원을 불러서 사건의 전말을 파악하였다.

호텔 객실 중에는 가족 여행객을 위해 객실 출입구와는 달리 방 중간에 객실과 객실을 연결하는 문이 있는 경우가 있다. 이 호텔에도 그런 객실이 있어서 두 개의 객실을 사용하는 가족 여행객이 원할 시에는 중간 연결문을 개방하여 사용하도록 하고, 평소에는 연결문을 폐쇄하여 각각의 투숙객이 객실 하나씩을 사용하도록 하고 있었다. 일종의 '커넥트룸'이었다.

이 호텔의 연결문 폐쇄 방법으로는 신혼부부의 객실에 장식장으로 연결문을 가려 문 자체가 보이지 않게 하였다. 그런데 옆 객실에는 별다른 조치를 하지 않은 게 문제였다.

옆 객실에 투숙한 남자는 방 중간에 문이 있어 무심

코 열어보려고 하였는데 문 뒤로 무엇이 막고 있자 궁금증이 발생하였다. 문 안쪽에 비밀공간이 있다고 생각한 덩치 큰 남자는 문을 막고 있는 장식장을 가볍게(?) 밀었는데 장식장이 신혼부부의 방 쪽으로 넘어진 것이다.

장식장이 넘어진 것도 당황스러운데 눈 앞에 펼쳐진 신혼부부의 뜨거운 모습에 깜짝 놀란 남자는 미안하다는 말을 할 생각도 못하고 문을 급하게 닫은 것이다.

옆 객실 남자의 사과와 호텔 측의 다른 방 배정으로 사건은 일단락되었고 신혼부부의 즐거운 신혼여행은 계속되었다.

하숙집 아줌마에서 장모님으로

시골에서 고등학교를 졸업한 진수는 집에서 멀지 않은 광역시 소재의 대학으로 진학하여 학교 앞에 있는 하숙집을 구해 생활하게 되었다.

마음씨 좋게 생긴 하숙집 주인 아줌마는 초등학생 아들과 중학생 딸을 두고 있었는데 몇 년 전 아저씨가 병으로 돌아가시자 생계를 위해 하숙집을 시작하였다.

4월경에 진수의 엄마가 하숙집 주인에게 아들을 잘 부탁한다는 인사를 겸하여 아들을 보기 위해 논밭 주변에서 뜯은 햇쑥을 가지고 하숙집을 방문하였다.

그날 저녁 엄마가 가져온 쑥으로 끓인 쑥국을 하숙집 모든 식구들이 맛있게 먹었고, 하숙집에서 하룻밤 주무신 엄마는 다음날 고향으로 내려가셨다.

진수는 주인아줌마가 만드는 음식이 입맛에 맞았고 특히 배춧국, 된장찌개는 엄마가 해주던 맛과 비슷하여 더욱 좋았다.

새내기 대학생 진수는 가끔 친구들과 술을 마시고 친구들을 데려와 하숙집에서 함께 자기도 하였는데, 주인아줌마는 싫은 내색은커녕 다음 날 아침 친구들까지 아침 식사를 챙겨주셨다.

2학년을 마치고 군대를 가게 되어 진수가 하숙집을 나올 때 아줌마는 군대 가서 먹고 싶은 것 사 먹으라며 돈이 든 봉투를 주셨고 휴가 나오면 놀러 오라는 당부도 하였다.

휴가 때는 한 번도 하숙집을 방문하지 않았지만 제대 후 복학을 하면서 진수는 당연한 듯이 다시 아줌마네 하숙집에 입주했다. 아줌마는 친아들이 제대해 온 것처럼 반겨주셨고, 아줌마 뒤에는 처음 하숙 때 중학생이던 딸이 대학생이 되어 함께 진수를 반겨 주었다.

3학년으로 복학한 진수는 본격적으로 학점 관리와 취업을 위해 열심히 공부하였고, 어느 날 도서관에서 밤늦게 공부하고 하숙집에 갔더니 아줌마가 과일을 가지고 진수 방에 와서는 농담처럼 한마디 툭 던지고 1층으로 내려가셨다.

"진수 학생은 사귀는 여학생 있어? 없으면 지혜(아줌마 딸) 어때?"

그 후로 아줌마는 진수와 딸을 엮어 주려고 알게 모르게 노력하셨다.

어느 일요일 오전, 다른 하숙생들은 모두 외출하고 진수는 컨디션이 좋지 않아 하숙집에서 쉬고 있을 때 아줌마는 약속이 있다며 외출하면서 딸에게 진수 점심을 챙기라고 하였다.

집에는 진수와 딸만 있었고 둘은 점심을 함께 먹다가 불꽃이 튀었다. 급속도로 가까워진 진수와 딸은 미래를 약속하는 사이가 되었고. 그 와중에 사랑싸움으로 몇 번의 어려움이 있을 때마다 아줌마가 잘 풀어 주셨고 딸이 대학을 졸업한 그해 봄 둘은 결혼식을 올렸다.

신혼여행을 다녀온 진수는 저녁을 함께 먹으며 장모님께 물어보았다.

진수: 장모님은 왜 저를 지혜와 엮어 주셨어요?

장모: 그야 자네가 맘에 들었으니까 그랬지. 지혜도 자네에게 호감이 있는 것 같았고.

진수: 그래도 너무 표나게 밀어 주시길래 왜 그러나 궁금했어요.

장모: 자네가 하숙한 지 얼마 되지 않아 사돈이 왔었잖아. 그때 사돈을 보고 마음이 따뜻하고 자상한 분이라는 생각이 들었어. 그런 엄마 아래서 자란 아들은 반듯하게 자랐을 거라고 생각했는데, 함께 생활하다 보니 자네에 대한 믿음이 생기더라.

장모님! 감사합니다. 착하고 예쁜 따님을 저에게 주셔

서….

　엄마! 고맙습니다. 사위 사랑은 장모라는데 엄마 덕분에 좋은 장모님 만났습니다.

이런 전화 경험 있으시죠?

핸드폰이 없던 시절에 있었던 이야기이다. 같은 시대를 살았던 사람이라면 비슷한 경험을 하신 분들이 많이 있을 것이다.

1980년대 후반 시골에서 고등학교를 졸업한 나는 대도시에 있는 대학에 진학하여 이모 집에서 생활하게 되었는데 이모 집 가족으로 이모부, 이모, 초등학생 아들 그리고 귀가 어두우신 할머니가 계셨다.

당시 나는 나와 다른 학교에 다니는 여학생을 만나고 있었는데, 연락하는 방법으로 대학교 학과 주소로 편지를 보내거나 집 전화를 이용하였다.

여학생은 자취를 하고 있었고 내가 주인집으로 전화를 하면 주인아줌마가 전화를 받아서 여학생을 바꿔주

곤 하였다.

그날도 여느 때처럼 학교 공중전화로 여학생의 주인집으로 전화를 했다.

"안녕하세요. 죄송하지만 아랫방 여학생 있으면 전화 좀 바꿔 주세요."

"우리집에 여학생 없는데…."

전화기 너머 들리는 목소리가 평소 익숙한 아줌마 아닌 할머니 목소리였고 내가 무슨 말을 하는지 알 수 없다는 듯 전화기를 누군가에게 건냈다.

"여보세요!"

어린 아이 목소리였다.

"죄송하지만 아랫방 여학생 있으면 전화 좀 바꿔 주세요."

"그런 사람 없는데 어디에 전화 걸었어요?"

그런데 아이의 목소리가 귀에 익은 목소리가 아닌가,

이모 집 사촌동생이었다. 짧은 순간 전화를 끊어야 하나 고민하였다.

'아니다. 동생도 내 목소리를 알 텐데, 내가 갑자기 전화를 끊으면 이상하게 생각할 거야.'

그래서 침착하게 전화를 잘못 걸어 미안하다는 말과 함께 전화를 끊었다.

여학생에게 전화를 한다는 것이 이모 집 전화번호를 누른 것이다. 도서관에 앉아 있었지만 공부는 되지 않았고 사촌동생이 내 목소리를 알았을지 여부가 궁금하였다.

저녁에 이모 집에 가니 사촌동생이 뛰어나오며 얘기했다.

"형, 오늘 낮에 이상한 전화가 왔었어."

나는 시치미를 떼고 태연하게 말했다.

"무슨 전화였는데?"

"여학생을 찾는 잘못 걸려온 전화인데 목소리가 형과 비슷했어."

다행히 동생은 전화 건 사람이 나라는 것은 인식하지 못한 것 같았다.

만약 그날 할머니가 전화를 바꿔준 사람이 사촌 동생이 아니라 이모였다면 나의 연애 스토리를 공개할 수밖에 없었을 거다.

바람난 남편 고쳐서 살 수 있나요?

서울 외곽의 20년 넘은 주공 아파트 단지의 상가에서 나는 부동산 중개 사무소를 아파트 건립 때부터 하고 있었다.

초록이 지쳐가던 여름의 끝자락, 남편과 함께 점심을 먹고 있을 때 40대 초반쯤 보이는 여자가 살며시 사무실 문을 열고 들어와서는 힘없는 목소리로 살고 있는 아파트를 매도하고 전셋집을 구해달라고 하였다.

통상 살고 있는 집을 매도하고 전셋집을 구하는 경우는 부동산 중개인 입장에서는 물건 2건을 동시에 중개함으로써 수익이 많아 좋으나, 의뢰인 입장에서는 사정이 좋지 않은 경우가 많다.

의뢰인은 내가 살고 있는 아파트 옆 동에 살고 있었

는데 중개하는 과정에서 주변 사람에게 여자의 딱한 사연을 들을 수 있었다.

 여자의 남편이 1년 전쯤 바람이 나서 집을 나가고 난 뒤, 아이 둘을 키우며 가사일만 하여 수입이 없던 여자는 집을 팔아 전셋집을 구하고 남은 돈으로 장사를 할 계획이었다. 여자는 언젠가 남편이 돌아올지도 모른다는 생각도 있었지만 무엇보다도 아이들이 초등학교를 다니고 있어 전학하는 것이 아이들에게 좋지 않다고 생각하여 같은 아파트 단지에 살기로 한 것이었다.

 시간이 흘러 그 일을 잊고 살던 어느 날, 여자가 다시 사무실에 나타나 월셋집을 구해달라고 요청하였다. 그동안 여자는 집 판 돈으로 팬시용품점을 시작했지만 집안 살림만 하고 세상 물정 모르던 여자에게 장사는 쉽지 않았다. 결국 2년도 채 되지 않아 가지고 있던 돈을 모두 소진하고 이번에는 전세 뺀 돈으로 다시 조그만 식당을 하기로 하였다.

나는 여자의 어려운 사정을 알고는 중개수수료를 받지 않았다. 여자가 내미는 돈을 내가 여자의 주머니에 억지로 집어넣자, 눈물을 흘리며 고맙다고 하는 여자에게 남편의 소식을 물었지만 연락이 없다고 하였다.

그 후 수년이 흐르고 누군가 환한 얼굴로 사무실 문을 활짝 열고 들어왔을 때 나는 그 여자임을 기억하고 반갑게 맞이하였다.

우리 아파트 옆에 최근에 새로 지은 유명 브랜드 아파트가 다른 부동산 사무실에 매물로 나와 있었는데 여자는 그 부동산에 의뢰하지 않고 나에게 그 아파트를 중개해달라는 것이었다. 여자는 식당이 잘되어 돈을 좀 벌었으며 현재는 옆 가게까지 확장하여 식당을 운영하고 있다고 했다.

나의 성의를 잊지 않고 찾아와 더 큰 보람을 가져다준 여자의 앞날에 이제 행복만이 있기를 기원하며 기쁘게 아파트를 매매 중개하였다.

가끔씩 그녀의 식당에 밥 먹으러 갈 때마다 많은 손님들이 오는 것을 보고 내 일인 양 기뻤다. 어느 날 점심을 먹으러 식당에 들어서니 계산대에 처음 보는 중년 남자가 있었는데 그녀의 남편이었다.

그녀는 지난날의 잘못을 빌며 찾아온 남편을 받아주었고, 남편도 과거를 만회하려는 듯 열심히 가게 일을 도와주고 있었다.

하지만 그녀의 행복은 길지 않았다.

한동안 가정과 식당에 충실하던 남편은 다시 바람이 났고 여자에게 이혼을 요구하고 있다는 소문이 들렸다.

재산 분할 요구와 함께….

제3부 세상은 요지경, 인생은 새옹지마

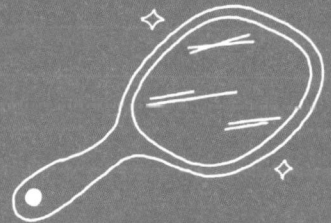

가지 않은 길

노란 숲속에 두 갈래 길이 있습니다

나는 두 길을 모두 가지 못하는 것을

안타깝게 생각하면서

저 멀리 휘어져 내려가는 길을

한참 동안 바라보았습니다

그러나 다른 길을 선택했습니다

- 로버트 프로스트(Robert Frost, 1874~1963)의 '가지 않은 길(The Road Not Taken) 중에서

  인생은 크고 작은 선택의 과정이다.

'오늘 점심으로 무엇을 먹을까?'
'어느 대학 어떤 학과를 갈 것인가?'
'어떤 사람과 결혼할 것인가?'

우리는 어떤 것을 선택한 후에는 선택하지 않았던 것에 대해서 종종 미련을 갖게 된다.

고향 기찻길 옆 언덕에 전망 좋은 카페가 있다. 카페에서 내려다보는 풍경은 한 폭의 그림을 감상하는 듯하다. 특히 해질녘 카페 야외 의자에 앉아 감상하는 석양에 물든 강, 들, 산은 너무 아름답다.

카페가 있는 언덕 바로 아래 기찻길이 있고 기찻길 옆으로 낙동강이 흐른다. 강물의 양이 적은 봄에는 강폭이 좁아지고 둔치가 수백 미터 생긴다. 둔치에는 초록의 여러 가지 풀들과 노란 유채꽃이 조화를 이루고 초록과 노랑색 사이로 강과 둔치를 가로지르는 하얀 길이 보인다.

언덕 위 카페를 찾을 때마다 언젠가는 아름다운 하얀

길은 직접 걸어보리라고 마음먹었고 그 길은 걷고 있는 행복한 나를 상상하였다.

어느 일요일 아침 나는 설레는 마음으로 한 시간을 걸어 초록의 풀, 노란 유채꽃, 하얀 길이 있는 강변에 도착하였고, 제방 경사길을 내려가 그토록 걷고 싶던 하얀 길을 천천히 걸었다.

아름다운 것들로 가득하리라고 생각했던 그 길에는 강물에 넘어진 작은 나무들, 움푹 파인 웅덩이에 고인 더러운 물, 떠내려온 생활 쓰레기 등 멀리 언덕 위 카페에서는 보이지 않았으나 아름답지 않은 것들도 함께 있어 약간은 실망스러웠다.

만약 내가 그 하얀 길을 직접 가보지 않았다면 내 마음속에는 영원히 아름다운 길로 기억되었을 것이고 또한 그 길을 그리워하며 살아갔을 것이다.

인생도 그렇지 않은가요? 우리는 가지 않은 길을 그리워하거나 심지어 그 길을 가지 않은 것을 후회하기도

합니다.

가지 않은 학교, 직업, 사랑, 결혼 ….

인생을 살아가면서 가지 않은 길이 현재 가고 있는 길보다 더 아름다울 수도 있다는 생각으로 자신의 에너지를 소모할 필요는 없다고 생각합니다.

지금 내가 걸어가고 있는 길이 가장 아름다운 길이라고 믿고 싶습니다.

대기업 사장의 우산 절도 혐의

그는 유명 대기업의 사장으로 근무하고 있었다. 그런데 어느 날 절도 혐의로 조사할 게 있으니 경찰서로 나오라는 연락을 형사로부터 받았다.

혐의 내용은 경기도의 한 카페에서 그가 다른 사람의 우산을 절도했다는 신고가 들어와 조사를 한다는 것이다.

형사가 설명한 카페는 얼마 전 비 오는 일요일, 그가 기분전환을 위해 혼자 자동차를 운전하여 드라이버 갔다가 우연히 들러 커피를 마신 강변에 있는 카페였다.

그날 그는 차에서 내려 집에서 가져간 우산을 쓰고 카페에 들어가 우산을 우산꽂이에 두고 커피를 마셨고 30분쯤 후에 우산을 가지고 카페를 나왔다.

그는 작은 사건이지만 혹시나 조사받는 것 자체가 외부에 알려지면 회사와 본인의 이미지에 피해가 갈까 걱정되어 곧바로 국내 최고 로펌에 변호를 의뢰하였다.

그를 절도 혐의로 신고한 사람의 진술은 이러했다.

카페에서 커피를 마시고 나가려는데 본인의 우산이 없었다. 마침 카페 내부에 CCTV가 있어 확인해보니 중년의 남자가 신고자의 우산을 가져가는 게 찍혀 있었다. 그리고 중년의 남자가 카드로 커피값을 지불해서 인적사항을 파악할 수 있었다.

경찰 조사의 핵심은 그가 남의 우산임을 알고 가져갔는가 여부였다.

그는 형사에게 본인 우산으로 잘못 알고 가져왔다고 설명했으나, CCTV 확인 결과 그가 집에서 가져온 우산과 카페에서 가져간 우산의 색상이 조금 달랐다.

형사가 그것을 지적하자 그는 집에 있던 우산을 무심코 들고 나와서 카페에서 가지고 나온 우산이 본인의 집에서 가지고 온 우산이라고 생각했었다고 주장하였다.

이 사건은 비싼 수임료의 유능한 변호사가 적극적으로 대응하여 무혐의로 처리되었다.

그런데 그는 카페에서 우산이 바뀐 사실을 진짜 몰랐을까?

그날 카페를 나설 때 본인의 우산이 없자 다른 사람이 우산을 바꿔 가져갔다고 판단하고 별 생각 없이 남의 우산을 들고 나온 것은 아닐까?

"여러분! 우산을 바꿔 가져가면 절도 혐의로 조사받을 수 있으니 조심하세요."

사병의 월급이 많이 올라 불만인가요?

근래 군대 사병의 월급이 많이 오르고 있어 예전에 군대를 다녀온 사람들은 부럽기만 하다. 10여 년 전까지만 해도 사병의 월급 수준이 월급이라고 말하기 민망할 정도의 적은 금액이었다.

그런데 언론과 SNS에서 사병의 월급이 너무 많이 올라 조만간 하사의 월급과 역전되는 것이 아니냐는 엄살이 나오고 있다. 한편으로는 사병과 하사의 월급 차이가 별로 없어 책임만 크고 처우는 열악한 하사들의 사기가 많이 떨어질 거라고 우려를 한다.

이런 보도를 접하고 이전에 신문에서 본 기사 내용이 생각났다.

중국의 개혁개방이 활발히 진행 중일 때 대학교에서

도 외국에 있는 유능한 젊은 중국인 학자들을 교수로 초빙하여 선진 문물을 학생들에게 가르치게 되었다.

그런데 가장 걸림돌이 되는 것 중 하나가 외국 거주 젊은 중국인 학자의 처우 문제였다. 애국심만으로 초빙하기에는 외국에서 받고 있는 젊은 학자들의 처우에 비해 중국의 대학교수 처우가 너무 열악했다. 그래서 대학 당국이 기존 교수 급여보다 서너 배 많은 급여를 젊은 학자들에게 주기로 하자 중국 내 많은 교수들의 불만이 터져 나왔다.

"국가를 지키며 수십 년 동안 학생들을 가르친 우리를 무시하는 것이다."

그런데 어느 노교수가 이렇게 말했다고 한다.

"당장은 급여 차이가 많이 나겠지만 그들 덕분에 조만간 우리 급여도 올라갈 것이기 때문에 좋은 일 아닌가?!"

현재의 분노와 섭섭한 감정을 억누르고 미래의 이익

으로 실리를 취하는 노회한 학자의 모습이 인상적이다.

실제로 하사와 사병의 월급이 역전될 것이라고 생각하는 사람들은 없을 것이다. 사병들의 월급이 오르는 만큼은 아니라 해도 하사들의 처우가 지금보다는 좋아질 것이라고 생각한다.

그런데 왜 이렇게 호들갑을 떨까?

혹시 사병의 월급이 많이 올라 상대적 빈곤을 느끼는 사람들이 있는 것은 아닌지….

존경하는 선배가 했던 말이 생각난다.

"사람들은 배가 고픈 건 참아도 배가 아픈 건 못 참는다."

교장 선생님의 고민

사람들은 새옹지마(塞翁之馬)라는 고사성어에 얼마나 공감할까? 새옹지마를 직역하면 '변방에 있는 노인의 말'이라는 뜻으로 노인이 키우는 말로 인해 예상하지 못했던 행운과 불운이 교차해서 노인에게 발생하는 현상을 소개하는 내용으로 사람의 일생에서 행운과 불행은 의도치 않게 찾아와서 예측하기 어렵다는 의미이다.

2000년대 후반 지방 소도시 인문계 고등학교에서 교장선생님이 겪었던 새옹지마 같은 일이다.

교장선생님은 학생들을 한 명이라도 더 유명한 대학에 진학시키기 위해 노력하고 있었다. 그러한 노력의 일환으로 SKY대학 출신 선생님을 채용하는 목표를 세우고 외부의 여러 선생님과 접촉하였다. 학생들에게는 공

부 열의를 높이고, 선생님들에게는 경쟁 의욕을 불어넣기 위해서였다.

많은 노력에도 불구하고 살기 불편한 소도시로 오려고 하는 SKY대학 출신 선생님이 없었다.

그런 가운데 나온 아이디어가 본교 졸업생 중에서 SKY대학 출신의 선생님을 만나서 설득하자는 것이었다.

사범대학을 졸업하고 대도시 고등학교에서 근무한 지 얼마 되지 않는 A선생님을 교장 선생님이 직접 만나 애교심과 애향심으로 호소하고 약간의 우대 혜택을 제공하여 모시게 되었다.

A선생님이 오시자 학교에 새로운 분위기가 조성되었다. 무엇보다도 A선생님이 열심히 학생들을 지도하였고, 학생들은 SKY대학 출신 선생님에 대한 만족도가 높았으며 다른 선생님들에게도 자극이 되었다.

희망했던 대로 학교의 학습 분위기가 좋아져 교장선생님은 기뻐하였으나 그리 오래되지 않아 A선생님으로 인해 고민에 빠지게 되었다.

채용 후 3년쯤 지나자 A선생님의 교육관에 변화가 생기기 시작했는데 학생들의 유명 대학 진학을 위한 열의는 줄어들고 그 대신 학교 행정의 투명화를 주장하고 학생들에게 인권과 정의를 강조하기 시작한 것이다.

그 무렵 A선생님이 노동조합에 가입하여 다른 학교의 노동조합 가입 선생님을 만나고 있다는 소문이 돌기 시작했다.

교장선생님은 A선생님을 여러 차례 만나 학생들의 면학 분위기에 노력해 달라고 설득하였지만 A선생님의 변화는 없었고, 시간이 지날수록 학생들의 공부 분위기가 저해된다고 생각한 교장 선생님은 A선생님을 채용한 것을 후회하게 되었다.

이제 교장선생님의 고민은 A선생님이 다른 학교로 이직하기를 바라는 것이었다. 그러나 강제할 수는 없었다.

그즈음 정부에서 전국의 주요 하천을 개발하기 시작

하자 이를 반대하는 집회, 시위가 발생하였다. 이 고등학교가 있는 소도시도 그 이슈의 한가운데 있어 일부 시민들과 전국의 여러 관련 단체에서 모여 수개월 간 정부와 치열한 접전을 벌이고 있었다.

그런데 예상하지 못한 일이 발생하였다. A선생님이 갑자기 학교를 퇴직하고 환경 보호 단체에 가입하여 집회, 시위의 현장으로 가게 된 것이다.

교장선생님께 기쁨과 슬픔을 주었던 A선생님은 새옹지마의 교훈처럼 그렇게 홀연히 학교를 떠나갔다. 많은 노력에도 불구하고 꿈쩍 않던 A선생님에 대한 교장선생님의 고민을 A선생님 스스로 해결해 준 것이다.

무지개가 내리는 마을

우리는 하늘에 떠 있는 아름다운 무지개를 우연히 보게 되면 동심에 젖거나 기쁜 마음을 갖게 된다. 여러분은 일곱 색깔 둥근 무지개가 땅과 맞닿는 곳(마을)에 직접 가 본 적이 있나요?

퇴직 후 고향으로 내려온 나는 오전에는 운동하고 오후에는 친구가 가꾸는 과수원에 가서 가벼운 작업을 거들거나 농막에서 놀다 오는 것이 주요 일과다.

지금은 더운 여름이라 가장 더운 한낮 시간을 피해 3~4시경 과수원으로 간다. 내가 사는 집은 지방 소도시 시내에 있어 과수원이 있는 면 단위의 시골에 있는 과수원에 가려면 차를 타고 20여 분을 가야 한다.

오늘은 해가 서산으로 기울기 시작하는, 평소보다 늦

은 시간에 집을 나섰다. 하늘에는 뭉개구름이 많은 맑은 날씨였으나 도중에 빗방울이 차 앞유리에 조금씩 떨어져, 맑은 날씨에 비가 내리면 호랑이가 장가간다고 하시던 할머니 말씀이 생각났다.

차가 시내를 벗어날 무렵 눈앞에 갑자기 무지개가 나타났다. 지금까지 본 적 없는 매우 가깝고 크며, 빨주노초파남보 색깔이 선명한 무지개였다. 무지개의 왼쪽 끝은 산 중턱으로 내려앉았고 오른쪽 끝은 산 앞쪽 마을로 내리고 있었다.

갑자기 무지개가 내리는 마을에 가 보고 싶었다. 그동안 무지개가 내리는 모습을 볼 때마다 무지개가 땅과 맞닿는 모습은 얼마나 아름다울까 하는 생각을 하곤 했다.

차를 운전하여 무지개가 내리는 산 아래 마을에 가까워질수록 신비로움이 커져만 갔다. 이제 조금만 더 가면 무지개가 감싼 아름다운 마을을 볼 수 있다는 부푼 기대를 하며 사거리에서 차를 우회전하고 고개를 들어 하늘을 보니 무지개는 더이상 보이지 않았다.

'분명 조금 전까지 저기 보이는 마을에 무지개가 내려왔는데 갑자기 사라지다니….'

어떻게 된 일일까? 곰곰이 생각해 보았다.

무지개는 작은 물방울에 비친 빛이기 때문에 멀리서는 보이지만 어느 정도까지 가까이 가면 보이지 않게 되는 것이라는 생각이 들었다.

그 마을 주민들은 본인들이 살고 있는 마을에 아름다운 무지개가 내리고 있다는 사실을 모르지만, 멀리서 보는 외부 사람들은 그 마을에 천상의 일곱 가지 색이 빛나고 있는 것을 볼 수 있다.

혹시 우리는 곁에 있는 소중한 것(가족, 친구, 건강)을 깨닫지 못하고 살아가면서 다른 사람들이 가진 것을 부러워하며 살고 있지는 않나요?

고향 어른들이 싫었는데 좋아졌어요

나의 고향은 일제강점기에 건설된 철길과 기차역이 있는 지방의 소도시이다. 철도는 사람과 물자의 이동에 중요한 역할을 하며 도시 발전의 중요한 요소이기도 하다. 기차가 지나는 대도시뿐 아니라 거의 모든 중소도시들도 기차역이 도시의 중심지에 있고 그 기차역을 중심으로 도시가 발전하는 모습을 볼 수 있다.

그런데 내 고향의 경우 철길이 도시 외곽을 지나가고 있으며, 기차역도 도시의 가장 변두리에 위치해 있다.

일제가 당초에는 도시의 중심부에 기차역을 건설할 계획을 세웠으나 고향의 어른(유지와 양반)들이 유서 깊은 마을에 시끄러운 철도가 들어올 수 없다고 강하게 반대하여 기차역이 변두리로 옮겨졌다고 한다.

젊은 시절 나는 기차역의 도시 중심지 설치를 반대한 고향의 옛 어른들이 약간은 원망스러웠다. 만약 기차역이 도시 중심지에 설치되었다면 기차 이용이 편리하고 도시 인구가 늘어나서 경제적으로도 발전하여 살기 좋은 도시가 되었을 것이라고 생각했기 때문이다.

그런데 중년이 된 지금 옛 어른에 대한 생각이 원망에서 고마움으로 변했다. 기차역의 도시 변두리 설치로 비록 경제적으로는 발전에 지장을 초래하였지만 도시가 양분되지 않아 아름답고 살기 좋은 도시를 유지하는데 큰 기여를 하였다고 생각한다.

철길이 도시를 가로지르면 철길 양쪽으로는 물리적, 심리적으로 먼 거리가 생긴다. 철길 양쪽 마을 간의 실제 거리는 얼마 되지 않지만 양쪽 마을을 오가는 것이 매우 불편하여 도시는 단절이 되고 양쪽 주민들 간에도 심리적 거리감이 생기며 심지어 발전의 차이에 따른 위화감도 생긴다.

철길과 고가도로가 이쪽과 저쪽을 나누고, 사람과 사람을 분리시키는 대도시에서 오랫동안 살고 있는 나는 가끔씩 고향에 내려가 소도시의 구석구석을 느릿느릿 걸어서 다니다 보면 마음이 편해진다.

10분 간격으로 지나가는 기차의 소음이 없고 거대한 장벽처럼 철길이 고향마을을 둘로 나누지 않은 것이 참으로 다행이라는 생각이 든다.

살아가면서 이처럼 동일한 사물과 현상에 대해서 나의 마음이 변하기도 한다.

혹시 저만 그런가요?

돌고 도는 물레방아 인생

함께 공부하고 놀고 운동하며 가끔 서로 싸우기도 하고 말썽도 일으키고 했지만 즐겁고 행복했던 기억이 더 많았던 고등학교 시절을 뒤로 하고 300여 명의 동창생들이 군대, 취업, 대학교로 뿔뿔이 흩어졌다.

언제 어디서 다시 만나자는 약속도 없이 20살의 청춘들이 설레임과 두려움 속에서 대부분 고향을 떠나 각자 삶의 바다로 나아갔다.

세월이 흘러 동창생들이 취업, 결혼을 하고 생활의 기본틀이 잡히면서 여러 도시(고향, 고향 인접 도시, 서울)에서 동창생들의 모임이 생기기 시작했다.

서울지역 동창생들의 모임은 다른 도시에 비해 늦게 출발했지만 전국에서 가장 활성화되었고 다른 지역 동

창생들은 그들을 부러워하였다.

그들은 고등학교 시절 공부 잘하던 학생들이었고 사회적으로 번듯한 직업(대기업, 공기업, 중앙정부 공무원, 교수, 변호사 등)을 가진 친구들이 주류를 이루었다. 시골 출신인 그들은 출세한 사람들이 즐비한 서울에서 살고 있음에 만족하면서 은근히 어깨에 힘이 들어가기도 하였다.

연말연시 모임에서는 회사에서 승진한 동창생이 항상 있어서 축하해주었고, 먼저 밥값을 내겠다는 동창생이 있었기에 이들의 모임은 계속 잘될 것으로 예상되었다.

그런데 그들의 나이가 50살이 넘어가면서 조금씩 변화가 생기기 시작하였다. 모임 분위기는 크게 달라지지 않았지만 회사를 퇴직하는 친구들이 생기다 보니 참석자 수가 감소하기 시작한 것이다.

그리고 60살 전후로 해서 많은 친구들이 회사를 퇴직하면서 참석 인원이 많이 줄었고, 예전 같이 왁자지껄한 분위기는 찾아볼 수 없게 되었다.

한편 서울 동창생 모임과는 반대로 고향 동창생 모임은 나이가 들수록 활성화되었다.

이들은 고향에서 비닐하우스 농사, 농약 상점, 과수원, 축산업, 차량 공업사, 자원재활용업체 등 다양한 직업에서 작은 규모로 시작하여 젊은 시절에는 육체적 노동과 적은 수입으로 몸과 마음이 힘들었지만 수십 년 동안 꾸준히 생업을 유지하다 보니 세월이 흐를수록 자리를 잡아갔고 번성하였다.

이제는 경제적으로 여유가 있고, 마음도 넉넉한 상황이 되어 친구들끼리 서로 도와주며 재미있게 지내고 있다.

현재 가장 잘 운영되고 있는 고향 동창생 모임과 달리 한때는 다른 지역 친구들이 부러워했던 서울 동창생들은 그들의 사회적 지위가 사라지자 동창생 모임에서도 하나둘 사라졌다.

세익스피어가 말했다.

All is well that ends well.

끝이 좋아야 모든 것이 좋다.

운칠기삼(運七技三)

우리는 살아가면서 운칠기삼(運七技三)이라는 단어를 종종 사용한다.

그 말의 의미는 인생을 살아갈 때 실력은 30% 작용하고 운명이 70% 영향을 미친다는 것으로 열심히 노력한다고 해서 반드시 성공한다는 것이 아니라는 의미이다.

이 말은 다음과 같은 설화에서 유래했다고 한다.

어떤 선비가 죽어서 하늘나라로 가서 옥황상제 앞에서 자신의 삶에 대해 불평불만을 했다.

"나는 열심히 공부하고 열심히 살았는데 과거에 급제하지 못하고 어려운 형편으로 살았다. 그런데 나보다 노력을 덜한 사람이 과거에 급제하고 더 잘 살았다, 이거 정

의롭지 못한 거 아닌가?"

이 말을 들은 옥황상제가 정의의 신과 운명의 신을 불러 누가 술을 잘 마시는지 시합을 시켰다.

호기롭게 등장한 정의의 신은 술을 3말을 마셨지만, 조용히 나타난 운명의 신은 7말을 마셔 정의의 신을 가볍게 이겼다.

옥황상제가 선비에게 말했다.

"잘 보았느냐? 인생에서 실력(노력)보다 더 강력한 것이 운명이니라."

지혜롭지 못한 사람들은 이 말을 성공이 노력(실력)보다 운명에 의해 더 크게 좌우되므로 노력(실력)을 할 필요가 없다고 생각할 수도 있을 것이다. 그러나 이 말의 참뜻은 열심히 노력한다고 반드시 성공하는 것은 아니므로 실패해도 너무 낙담하지 말라는 것이다. 나아가 기본적인 노력 없이는 성공할 수 없으며 노력이 있어야 행운도 따라온다고 해석할 수도 있다.

큰 일(개인의 출세, 사업의 성공 등)일수록 운칠기삼에 더 공감하게 된다.

요즘 세간의 이슈가 되고 있는 쿠팡의 운칠기삼에 대해서 얘기해 보자.

쿠팡이 2023년 매출과 영업이익에서 국내 최대 대형마트를 누르고 유통 최강자가 되었다고 언론에서 얘기하고 있다. 쿠팡의 성장에는 분명 쿠팡 임직원의 많은 노력이 있었던 것이 사실이지만 역시 운칠기삼이 작동했다고 생각한다.

쿠팡의 첫 번째 운은 투자자를 잘 만난 것이다.

2010년 사업을 시작한 쿠팡은 2022년까지 약 6~7조 원(추정)의 누계 영업이익 적자를 냈다. 2021년 한 해에만 1조 7천 억의 영업이익 적자를 낼 때까지만 해도 곧 망할 것이라고 했던 쿠팡에게 손정의라는 세계적인 투자자의 지속적인 투자가 없었다면 현재의 반전은 불가능하였을 것이다.

국내에서 사업 초기에 7조 원의 영업적자를 내면서 사업을 지속한 사례는 어느 대그룹에도 없는 것으로 알고 있다.

두 번째 운은 팬데믹이 온라인 유통업체에 날개를 달아준 것이다.

팬데믹 이전에도 오프라인 유통업체의 성장이 주춤한 반면 온라인 유통업체의 성장이 계속되고 있었지만 팬데믹 발생은 이러한 현상을 더욱 가속시켰다.

2020년 팬데믹으로 오프라인 유통업체들이 역성장하는 동안 온라인 중심인 쿠팡은 사상 최대의 매출 신장으로 마켓 셰어를 확장시켰다.

이처럼 지금까지는 행운이 동반되어 급속한 성장을 했지만 미래의 쿠팡에게 운칠기삼이 어떻게 작동할지 궁금하다.

한계가 있는 작은 국내시장에서 이전의 높은 매출 성장세와 달리 현재의 매출 성장세가 많이 꺾이고 있어 쿠팡의 미래를 확신하기는 어렵다.

행운의 여신이 쿠팡의 곁에 계속 머물고 있을까?

돌아가신 우리나라 최대 그룹의 창업자가 후손들에게 남긴 말이다.

"열심히 사업을 할 때는 운칠기삼(運七技三)이라고 생각했는데 말년에 뒤돌아 생각해보니 운구기일(運九技一)이더라."

대형마트, 아! 옛날이여

인간에게 생노병사(生老病死)가 있듯이 기업과 업종에도 생노병사가 있다. 대형마트는 지금 어느 지점에 와 있을까?

우리나라에서 대형마트는 1997년 IMF를 맞아 급성장하기 시작하여 2000년대에 전성기를 맞이하였고 2010년대 즈음에 성장을 멈추더니 2020년 이전부터 쇠퇴하기 시작했다.

대형마트가 급성장한 이유는 무엇일까?

- 무엇보다 저렴한 상품(특히 식품)으로 IMF로 어려워진 국민들의 생활비를 절약할 수 있다는 믿음을 주었기 때문이다.

- 식품, 잡화, 의류, 생활용품 등 생활에 필요한 모든

것을 일괄 구매할 수 있는 편리성이 있었다.

- 온 가족 나들이 장소였다: 영화관, 문화센터, 아동 놀이시설, 다양한 생활 편의시설 등.

그런데 지금은 어떤가?

대형마트에 가야 할 매력이 없어진 것이다. 이전에 고객들이 대형마트에 갔던 위의 요인 중 현재는 어느 것 하나도 고객의 매력을 끌지 못하고 있다.

- 대형마트보다 더 저렴하고 신선하게 상품을 구입할 곳이 많다. 온라인쇼핑, 생산자 직거래, 회원제 할인점, 전문점 등.

- 고객들이 시간의 가치를 더 소중히 생각하게 되었다. 그래서 쇼핑에 소요되는 시간을 아까워하며 개인의 여가활동에 많은 시간을 할애한다.

- 더이상 가족 나들이 장소가 아니다. 고객 Needs의 다양화, 코로나 영향, 놀이터의 변화, 대형 복합쇼핑

몰 번성

- 핵가족, 1인 가구의 비약적 증가로 대량 구매의 시대에서 소량 구매의 시대로 변했다.

대형마트의 현재 위기를 업계 임직원들도 잘 알고 변화를 위해 노력하고 있지만 혁신을 통하여 과거의 영광을 재현하기는 거의 불가능할 것이다. 왜냐하면 혁신은 자기 부정에서 시작되는데 대부분의 사람들에게는 자기 자신(찬란했던 과거 업적의 성공방정식)을 부정할 용기가 없기 때문이다.

이런 글을 읽은 적이 있다.

'한 시대를 발전시켰던 원동력이 다음 시대의 발전을 가로막는 방해물이 된다.'

검은색 버스를 본 적 있나요?

우리는 도로 위를 달리는 검은색 승용차를 많이 볼 수 있다. 어쩌면 승용차는 검은색이 가장 많을 것이다. 그런데 온통 검은색으로 도색된 버스를 본 적이 있나요? 대학에서 산업디자인을 전공한 영수가 대기업 호텔에 취업하여 디자인부서로 발령받은 지 6개월이 되지 않은 시점에 겪은 일이다.

당시 새로운 사장이 취임하여 회사 전반에 변화를 시도하고 있었는데 디자인 부서에도 몇 가지 지시가 내려왔다. 회사에서 운영하는 고객용 셔틀버스를 검은색으로 바꾸라는 지시를 추진하고 있었는데 영수는 그 지시에 의문이 들었다.

이 업무를 지시한 분은 아마도 유명한 패션 디자이너

샤넬의 검은색 이미지를 생각했을 것이다. 기존에는 검은색이 어둠, 부정, 죽음, 공포, 침묵 등 부정적인 이미지였지만 샤넬은 그녀가 디자인하는 여성 패션을 통해 검은색을 고상하고 세련되며 품위 있고 권위적인 색으로 이미지 변화시켰다.

패션에서 세련된 감성으로 다가왔던 검은색이 버스에서는 과연 어떤 이미지로 다가올 것인가?

영수는 신입사원인 자신에게 업무를 가르쳐주던 대리에게 말했다.

"대리님, 검은색 버스는 아닌 것 같습니다. 부장님께 말씀드려야 하지 않나요?"

대리가 남들이 들을세라 조용히 말했다.

"이 지시는 사장님 특별 지시야. 부장님께 말씀드려봐야 소용없어. 우리는 시키는 대로 하면 되는 거야."

그렇게 탄생한 검은색 버스에 대한 고객의 반응은 회

사의 기대와는 너무 차이가 컸다.

지금까지 본 적이 없는 검은색의 버스가 시내를 돌아다니자 사람들은 뭐 하는 버스인지 궁금해했고, 특히 서너 대의 검은색 버스가 길가에 일렬로 주차되어 있는 경우에는 주변 사람들의 모든 시선을 주목시켰다.

심지어 일부에서는 장례식장용 버스 같다고 말하는 사람들도 있었고 셔틀버스를 이용하는 고객들도 회사에 많은 컴플레인을 제기하였다.

얼마 지나지 않아 검은색 버스는 추가 도색 비용과 회사 이미지 저하라는 결과를 남기고 밝은색으로 교체되었다. 이 일을 경험하고 영수는 받아들이기 싫었지만 회사 생활의 이상한(?) 처세술 한 가지를 배우게 되었다.

'잘못된 결과를 초래할 것이 예상되는 지시라는 것을 알면서도 아랫사람들이 윗사람에게 의견을 얘기하지 못하는 경우도 있구나.'

이처럼 학교에서 배웠던 이론(효율, 소통, 소신)과는 다른, 이해할 수 없는 첫 경험을 시작으로 그 후에도 비슷한 경험을 하면서 영수는 회사생활에 적응(?)해 나갔다.

왜 혼자만 열심히 일하나?

사람의 기질은 태어날 때부터 정해져 있나요? 아니면 태어날 때는 백지상태인데 자라면서 환경에 영향을 받아 기질이 형성되나요?

내가 살고 있는 집 앞에는 아름다운 강이 흐르고 강의 한쪽에는 큰 둔치가 있어 시에서 공원을 조성해 관리하고 있다. 공원에는 여러 가지 종류의 꽃밭, 잔디광장, 벚나무 길, 분수시설, 운동시설 등 다양하게 구성되어 있어 많은 시민들이 즐겨 찾는다.

쾌적하고 안전한 공원을 위해 봄부터 초여름까지는 시의 주관으로 아주머니와 할머니들이 잡초 제거 작업을 매일 한다. 나는 공원에서 운동을 하고 공원 의자에 앉아 쉴 때 잡초 제거하는 분들을 종종 쳐다보게 되는

데 어느 날 한 가지 현상을 느낄 수 있었다.

작업하는 분들을 유심히 살펴보면 다수의 일반 사람들보다 일을 더 열심히 하는 사람도 있고, 반대로 느릿느릿 일하는 사람도 항상 있었다.

더운 여름날 모두가 그늘에서 작업하고 있는데 혼자서 햇볕 아래서 열심히 작업하고 있는 사람이 있다. 이 사람도 그늘에서 편하게 작업하고 싶은 마음이 있을 텐데 왜 힘들게 일할까?

그리고 게으름 피우는 것처럼 느릿느릿 일하는 사람도 있다. 이 사람의 눈에도 빠르게 일하는 사람들이 보일 텐데 왜 본인의 루틴대로 일할까?

이러한 광경을 보면서 동일한 일당을 받을 텐데 왜 어떤 사람은 다른 사람들보다 더 열심히 일하고 또 어떤 사람은 느릿느릿 일할까 하는 궁금증을 가지면서도 이런 생각을 하게 되었다.

세상에는 키가 큰 사람 작은 사람, 잘생긴 사람 못생

긴 사람이 있듯이 일도 열심히 하는 사람 그렇지 못한 사람이 있는 거야.

쇼펜하우어의 명언이 이 경우에도 적용될 수 있지 않을까?

"그래 세상에는 저런 사람도 필요하지."

이렇게 생각하니 마음이 편하다.

입사 시험과 행운

취업난 속에서도 동규는 대학 졸업과 동시에 미국 대기업 H사의 한국법인에 입사했다. 가족과 친구들의 축하를 받으며 한국의 기업문화와는 다른 선진화된 회사생활을 생각하며 출근을 시작하였다.

그런데 미국 본사의 기업문화는 어떤지 알 수 없지만 한국법인의 기업문화는 학교 선배들에게 들었던 국내기업의 기업문화와 거의 차이가 없었다. 관리부서(인사팀, 경리팀)가 현장부서를 은근히 아래로 보는 듯하였고, 일이 없어도 퇴근 시간 후 30분 이상 서성거렸으며, 팀장이 자리에 앉아 있으면 눈치를 봐야 하는 퇴근 문화도 싫었다.

한국법인의 경우 겉으로는 미국 H사의 계열회사이지

만 실질적으로는 미국 H사의 한국 내 업무를 대행하는 수준의 회사라는 생각이 들었다. 급여 수준, 복지, 근무 환경도 한국의 대기업과는 차이가 컸다.

H사는 한국의 대기업 A전자와 거래가 많았는데 A전자 담당자들과 미팅을 하다 보면 그들에게서 느껴지는 프라이드에 은근히 자신이 위축되는 느낌도 들었다.

동규는 실망감 속에서 회사를 다니던 중에 A전자의 사원모집 공고를 보고 응시하기로 마음먹었다.

회사를 다니면서도 열심히 준비한 결과 서류전형과 필기시험을 통과하였지만 그에게 더이상 시험을 진행하기 어려운 상황이 생겼다. 그것은 그동안 연기되었던 H사의 신입사원 해외연수 일정이 갑자기 확정되었는데, A전자 면접(온라인 진행) 일자와 중복된 것이었다.

월차 사용으로도 해결할 수 없는 상황으로 면접시험을 보기 위해서는 H사를 퇴직할 수밖에 없었다. 하지만 A전자에 합격된다는 보장이 없는 상황에서 힘들게 입사

한 직장을 그만둘 수 없어 A전자의 시험을 포기하고 H사의 아시아 지역 연수기관이 있는 싱가폴로 해외연수를 떠났다.

그런데 A사의 면접시험 날 전혀 예상하지 못한 2가지 행운이 동규에게 찾아 왔다.

첫 번째 행운은 호텔 방을 혼자 사용하게 된 것이다.

평소에는 직원들에게 호텔방을 2인 1실로 배정하지만 코로나 시기인 점이 감안되어 1인 1실을 배정한 것이다. 만약 2인 1실이 배정되었다면 그는 같은 방을 사용하는 동기 때문에 면접시험을 볼 수 없었을 것이다.

두 번째 행운은 더욱 일어날 가능성이 희박한 것이었다.

전체 연수 인원이 10명임에도 불구하고 연수기관의 사정으로 2개 조로 나누어 조별로 오전과 오후에 각각 연수를 시행한 것이다. 그리고 동규의 A전자 면접시험은 오전이었는데 다행히 그날 오후 연수에 배정되어 무사히 시험을 치를 수 있었다. 면접시험을 잘 본 동규는 최종 합격하여 A전자에서 만족스러운 직장 생활을 하고 있다.

인생의 진로를 바꿀 수 있을 정도의, 전혀 예상하지 못했던 행운이 우리 인생에서 몇 번이나 찾아올까요?

그 행운이 왔을 때 동규처럼 우리는 잡을 준비가 되어 있나요?

어떻게 이해해야 하나요?

결혼기념일 즈음하여 일본 유명 온천으로 여행을 갔다. 오사카공항에서 버스를 타고 도착한 료칸(旅館) 호텔은 지어진 지 수십 년 된 듯한 건물 외관으로 고풍스럽기보다는 낡은 이미지의 콘크리트 빌딩이었고 객실은 일본 전통식 숙소인 다다미방이었다.

 오후 4시경에 체크인을 했는데 저녁 식사 시간인 6시까지 시간이 남아 객실에서 쉬기로 했다. 호텔 직원이 말하기를 우리 부부가 식당에서 저녁식사 하는 동안에 직원들이 객실에 침구 세트를 깔아준다고 하였다. 5층 객실에 들어서니 방 가운데 좌식 테이블과 좌식 의자가 위치해 있는 정사각형의 다다미방이었다.

 우리 부부는 비행기 탑승과 장거리 버스 이동으로 피

곤하여 잠깐 누워 쉬기로 하고 이불장을 열어 베개 2개와 요 2장을 꺼냈다. 그리고 방 중간에 있는 테이블을 옮기는 것이 번거로워 테이블을 사이에 두고 요 2개를 양쪽에 대충 깔고 이불 없이 누웠다. 누워서 이런저런 이야기를 하다가 고개를 돌려 와이프를 쳐다보니 다리가 보여 나와는 반대 방향으로 누워있다는 것을 알았고 방 중간의 테이블이 우리의 시선을 막고 있었다.

저녁식사 시간이 되어 베개와 요를 우리가 깔았던 그대로 두고 식당으로 갔다. 저녁 메뉴로는 료칸에서 흔히 제공하는 가이세끼 요리였는데 전채, 국물, 생선회, 구이, 조림, 튀김, 찜, 절임, 메인(국과 밥, 면), 디저트로 구성된 다양한 종류의 많은 음식 가짓수가 나왔다.

식사를 맛있게 하고 객실로 올라간 우리 부부는 직원이 깔아둔 침구 세트를 보고 당황스러웠다. 침구 세트 2개가 나란히 깔려있을 것이라는 예상과 달리 우리 부부가 임시로 깔았던 그 상태 그 위치에서 정리만 한 상

황이었다.

방 중앙에 있는 좌식 테이블과 의자를 그대로 두고 우리 부부가 깔았던 요 위에 이불을 세팅해 두었던 것이다. 심지어 베개도 같은 방향이 아닌 우리가 두었던 대각선(하나는 문 방향, 하나는 베란다 방향) 형태 그대로였다.

침구 세트를 깔면서 직원은 료칸 매뉴얼대로 할 것인가? 아니면 고객이 깔아둔 위치에 깔 것인가를 고민하였을 것이다.

우리 부부는 침구 세트를 새로 깔았다. 방 중앙에 테이블이 놓여있는 상태에서는 이불을 밟지 않고 출입문 또는 베란다로 갈 수 있는 공간이 없어 우선 테이블을 방구석으로 옮겨 공간을 확보하고 침구 세트 2개를 한 방향으로 나란히 깔았다.

와이프와 나는, 직원의 행위가 고객의 의도를 존중하는 배려심 때문인지, 아니면 일을 편하게 하려는 태만에서 비롯된 것인지를 두고 얘기하다가 전자일 거라고 생각하며 위안을 삼았다. 하지만 직원의 행동이 선의였다고 해도 이상하고 불편하게 세팅된 침구 세트를 생각하면 황당함을 지울 수 없었다.

군대를 두 번 간 남자

남자들에게 군대란 트라우마 또는 생각하고 싶지 않은 아픈 기억을 가지고 있는 사람이 많다. 군대를 갔다 온 사람들 중 대부분은 제대 후 한동안 군대 관련 꿈을 꾼다. 그런데 그 꿈의 대부분은 군대를 재입대하는 악몽이다.

- 군대를 제대했는데 다시 영장이 나오는 꿈.
- 제대 일자가 잘못되었다고 헌병에게 잡혀가 다시 복무하는 꿈.

꿈속에서 아무리 설명을 해도 통하지 않고 다시 군대 생활을 하게 되어 놀라고 억울해서 꿈을 깨게 된다.

내가 소위 임관 후 전방부대에서 근무하던 초기에 있었던 일이다. 행정실에 볼일이 있어 들렀더니 민간인 한 명이 사무실 구석 의자에 좋지 않은 표정으로 앉아 있었다.

무슨 일인지 확인해보니 그 민간인은 얼마 전까지 이 부대에서 근무하고 제대했던 사병인데 제대 일자가 잘못되어 다시 복무하러 왔다는 것이었다. 해당 사병이 제대 일자를 속여서 원래 해야 하는 복무기간 이전에 제대를 한 것으로 사건의 내용은 이랬다.

이전에는 대학에 군사교육(교련) 과목이 있었는데 특별한 사정이 없는 한 남학생들은 그 과목을 2년간 이수해야 했다. 그 과목을 이수하면 사병 근무 시 군대 복무기간을 단축시켜 줬는데 내가 대학 다니던 시기에는 1년 이수하면 45일, 2년 이수하면 90일을 단축해 줬다.

고등학교 졸업 후 회사를 다니다 입대한 문제의 이 사병은 병사들의 부대 전입, 전출, 제대 관련 업무를 담당하고 있었는데 업무를 하다 보니 대학 군사교육 이수자의 복무기간 단축 제도를 알게 되었다. 그래서 부대

병사들의 대학 군사교육 이수자 명단에 본인의 이름을 포함시켜 상급 부대에 제출했던 것이다.

얼마 후 부대 내에서 이상한 소문이 돌기 시작했다. 대학을 다니지 않은 사병이 복무기간을 단축 받았다는 병사들 사이의 소문이 간부의 귀에 들어가게 되어 진상 조사에 들어간 것이다.

이 민간인은 다시 입대하여 주변의 따가운 시선을 받으며 잘못 단축된 복무기간을 힘들게 채우고 제대했다.

친구들에게 이 이야기를 하면 당나라 군대도 아니고 어떻게 그런 일이 발생할 수 있느냐며 목소리를 높이는 친구가 많다.

꼬리 자르기

재식이는 고향에서 야생동물 보호단체의 책임자로 오랫동안 봉사해 왔다. 다치거나 포획틀과 덫에 걸린 야생동물에 대한 주민과 등산객의 신고가 들어오면 출동하여 구출하고 치료하여 야생으로 돌려보내거나 야생동물 보호소로 보내는 활동을 하고 있다.

그가 활동을 시작한 초기인 오래전 어느 날, 참새가 다쳐 날지 못하고 있다는 주민의 신고를 받고 그는 당황스러웠다.

그 당시만 해도 들판에 많은 참새가 날아다녔고 농민들로부터 참새가 곡식을 쪼아먹는다고 불만이 있던 상황이었는데 그런 작은 참새 한 마리를 위해 출동해야 하는지 망설여졌다. 날개를 다쳤던 그 참새를 센터로 데

려와 보살폈지만 안타깝게 죽자, 그 후로 재식이는 모든 생명은 소중하다는 생각을 하게 되었고 어떤 신고가 들어와도 흔쾌히 출동하였다.

한번은 멧돼지가 올무에 걸려 있다는 구조 요청이 들어왔다. 구조 과정에서 멧돼지의 상태를 보니 한쪽 다리의 발목이 없었다. 아마도 오래전에 멧돼지의 발목이 날카로운 덫에 걸려 도망치려고 몸부림치는 과정에서 발목이 잘려 나갔고 자연 상태에서 발이 치유된 듯하였다.

발목이 잘려 나가고 그것이 치유되는 동안 멧돼지가 얼마나 고통스러웠을까 생각하면 마음이 아프다.

재식이가 구조한 고양이과 동물 중 최상위 포식자는 삵이다. 삵을 야생에서 실제로 보면 눈매가 매우 날카롭고 포획틀에 걸린 삵을 구조하기 위해 다가가면 경계하는 울음소리가 섬뜩할 정도로 무섭다.

한번은 올무에 걸린 삵을 구조하러 현장에 도착한 재식이는 구조 과정을 사진으로 남기기 위해 안전거리를 유지하며 스마트폰으로 사진 찍는 자세를 취하며 삵에게 다가갔다.

그런데 재식이가 생각한 것보다 삵이 더 높고 멀리 뛰어 그를 덮쳤고, 그는 스마트폰을 떨어뜨리며 넘어졌으나 다행히 다치지는 않았다. 그 후로는 그가 생각하는 안전거리는 더욱 멀어졌다.

지금까지 재식이는 여러 차례 불법으로 야생동물을 포획하여 판매하는 사람들을 경찰과 함께 잡았으나 그들이 범죄 사실을 부인하고 축소하는 꼬리 자르기 방법은 항상 동일하였다.

범법자들은 야생동물을 포획하는 현장에서 잡히지 않는 한 절대 본인이 포획한 적은 없다고 주장한다. 단순히 다른 사람에게 동물을 사서 사육했을 뿐이라고 하여 가벼운 벌금형으로 풀려난다.

그런데 문제는 범법자가 말한 판매한 사람을 조사해 보면 최근에 사망한 사람이다. 그래서 수사는 더이상 진

행되지 않고 거기서 종결된다. 범법자들은 잡힐 것을 대비하여 항상 최근에 죽은 사람 이름을 파악하고 있었다.

꼬리 자르기 방법이 씁쓸하다.

한국인이 왜 한국말을 하지 않을까

일본 동경으로 여행사 단체 패키지여행을 갔다. 저녁식사로 샤브샤브를 하는 한국음식 식당으로 갔는데 우리 단체 이외도 여러 한국인 단체 관광객들이 식사를 하고 있었다.

식당 직원들의 머리 모양, 옷, 화장 등에서 한국인 이미지가 느껴졌는데, 한국인 관광객들이 많이 오니 한국인 유학생들을 아르바이트로 채용하고 있는 듯하였다.

혹시 직원들이 한국인이 아니라 해도 한국인이 많이 오는 식당이라 한국어를 알 수도 있을 것이라고 생각하고 서빙 직원에게 한국어로 물었다.

"혹시 돼지고기는 있나요?"

직원이 일본어로 답했다.

"아리마셍(없습니다.)"

일본어를 잘 모르지만 의미를 알 수 있었다.

"그러면 죄송하지만 두부를 좀 더 줄 수 있나요?"

"도레꾸라이~~(얼마나 드릴까요?)"

내가 일본어를 알아듣지 못하자, 직원이 영어로 말했다.

"How much?"

"Three"

식사를 마치고 나오는데 화장실 앞에서 조금 전 나를 응대했던 그 직원이 다른 직원과 웃으며 한국어로 대화를 하고 있었다.

버스를 타고 호텔로 가는 내내 그 식당 직원이 한국인 같은데 왜 한국어 질문에 한국어로 답하지 않았을까 하는 궁금증에서 벗어날 수 없었다. 호텔에 도착하여 객실로 올라가기 전 여행가이드에게 조금 전의 식당 상황을 설명하고 이유를 아는지 물었더니 이렇게 답했다.

"만약 그 직원이 한국인이라면, 여행객 중에는 직원이 한국인이라는 것을 알면 반말을 하거나 무리한 요구를 하는 사람이 있기 때문에 일본인 행세를 한 것이 아닐까?"

해외에서 무례한 행동을 하는 한국인 관광객들이 많다는 사실을 가이드가 돌려서 얘기했다.

나는 그렇게 응대한 직원 때문에 마음이 불편했지만 무례한 관광객에 대비하는 그 직원 나름대로의 처세라는 생각이 들었다.

그런데 이런 생각도 해보았다.

직원을 힘들게 하는 한국인 관광객도 있겠지만 타국에서 공부하며 힘들게 아르바이트한다고 기특하게 생각하여 팁을 주는 관광객도 있을 텐데….

국제 사회는 깡패 사회다

명문대학 합격이라는 목표를 갖고 약간의 긴장과 설레임으로 고등학교를 진학했다. 중학교 때와는 수준이 다른 공부의 질과 양을 생각하며 선생님들에 대한 기대도 컸다.

폼생폼사인 사회과목 선생님이 한 분 계셨다. 지방 소도시에서 보기 드문 검은색 선글라스를 끼고 학교에 출근하시기도 하셨고 수업 시간에는 멋있게 보이려는 듯 말투나 제스처가 박력 있고 특이하셨다.

선생님은 교과 내용을 성실하게 강의하지도 않았고 인생에 도움이 될 만한 얘기를 해주시지도 않아서 학생들에게 인기가 없는 분이셨다.

어느 날 국제 관계를 설명하시던 중 칠판에 커다랗게

이렇게 쓰셨다.

'국제 사회는 깡패 사회다.'

우리나라가 국제 사회에서 대접받기 위해서는 국력이 강해야 한다는 것을 강조하기 위해 이런 말씀하시나보다 생각했다.

실제 국제 사회가 깡패 사회처럼 법보다 주먹이 가깝다는 것을 인식하지 못했다. 왜냐하면 국제 사회에 유엔이 있고, 유엔이 세계 평화와 질서를 위해 노력하고 있는데 왜 깡패 같은 행위가 판치는 세계인지 납득이 되지 않았다.

세월이 한참 흘러 나이도 먹고 사회생활도 엔만큼 하여 세상 돌아가는 이치를 조금 알게 되자 그 말의 의미를 알 수 있었다.

세계 평화는 자국의 이익 앞에서만 존재하며, 자국의 이익을 위해서는 영원한 친구도 영원한 적도 없다는 것을….

지식도 지혜도 제대로 가르쳐주시지 않는다고 생각했던 저에게 선생님께서 한 가지는 확실히 가르쳐 주셨구나!!!

국제 사회가 깡패 사회라는 것을 증명하듯이 요즈음 세계 각 지역에서 자국의 이익을 위해 수많은 생명을 죽이는 전쟁을 쉽게(?) 일으키는 것을 보면 선생님이 더 생각난다.

선생님! 죄송합니다. 당시는 제가 선생님의 가르침을 이해하지 못했습니다.

중국을 만만하게 보면 안돼요

중국이 국내의 반도체 인력을 높은 연봉을 주고 데려가고 있다는 언론 기사가 종종 보도되고 있어 중국이 첨단 산업 발전에 많은 공을 들이고 있음을 우리는 알고 있다. 그런데 중국이 첨단 산업뿐만 아니라 다른 분야에서도 중국의 굴기4)를 위해 노력하고 있다는 것을 잘 모르고 있는 것 같다.

국내 유통 대기업에서 임원으로 근무하던 우성이가 퇴직하자, 헤드헌터 회사가 그를 중국의 유통 대기업에 소개하여 고위 임원으로 취업하게 되었다.

그는 한국의 선진 유통 경영 노하우를 중국 기업에

---

4) 崛起(굴기)로 '산이 우뚝 솟음'이라는 뜻이나 어떤 분야에서 최고가 되겠다는 의미로 쓰인다.

전할 수 있겠다는 생각으로 갔지만 중국의 발달된 기술과 노력에 깜짝 놀라는 경험을 여러 차례 했다.

[드론으로 임명장을 받다]

2010년대 후반 중국 회사에 첫 출근한 날 그는 충격에 빠졌다.

많은 직원들이 모인 강당이 온통 붉은색으로 연출되어 있어 마치 다른 세상에 와 있는 것 같은 느낌을 받으며 임명장을 받기 위해 강당 무대 쪽에 서 있었다.

임명장 수여를 알리는 사회자의 멘트가 나오자 강당 입구 쪽에서 드론이 임명장을 매달고 무대 쪽으로 날아와 그에게 전달하였다.

당시에는 이게 무슨 쇼인가 하는 생각이 들었지만 지금 생각해보면 중국은 우리나라보다 훨씬 빨리 드론 기술을 발전시키고 현실에 접목하고 있었던 것이다.

현재 중국의 드론 기술은 군사용과 상업용에서 세계

최고 수준을 자랑하고 있다.

[핸드폰 결제 시스템의 일상화를 경험했다]

핸드폰 케이스에 신용카드 여러 장을 넣어 다니는 사람이 많은 우리나라와 달리 중국은 핸드폰만으로 백화점, 마트에서 쉽고 빠르게 결제한다.

우리나라는 현금 결제 시대를 지나 신용카드 결제가 대세가 된 사회이며 젊은이들이 선호하는 핸드폰 결제 시대를 향해 나아가고 있다. 그런데 중국은 신용카드 결제 시대를 건너뛰고 현금 결제 시대에서 바로 핸드폰 결제 시대(알리페이, 웨이신페이)로 넘어간 상태로 관련 시스템과 기술이 한국보다 더 발전한 상태이다.

중국 거지는 핸드폰(페이)으로 구걸한다는 언론 보도가 나오고 있다.

[세계 각국의 다양한 전문가를 영입한다]

우리는 중국이 반도체, 자동차, 핸드폰 등 첨단기술

관련 인력을 높은 연봉을 주고 스카우트해 가는 것은 알고 있지만 실제로는 광범위한 인력 스카우트가 진행되고 있는 것은 모르고 있다.

그가 중국 유통회사에서 근무할 때 본인 외에도 한국에서 스카우트해 온 임원이 더 있었고, 나아가 미국, 일본에서 온 임원들도 있었는데 이것을 보면서 중국이 첨단 분야뿐만 아니라 사회 전반에서 경쟁적으로 외국의 선진기술을 배우기 위해 노력하고 있다는 것을 알 수 있었다.

그도 중국 거주 초창기에는 문화 차이와 공산당 주도의 일원화된 사회로 인해 이해하기 어려운 것들을 경험하면서 중국의 선진기술 발전에 한계가 있을 거라는 생각을 했었다.

하지만 중국에서 어느 정도 살아보니 중국이 여러 분야에서 우리나라의 기술 수준을 뛰어넘고 있음을 실감할 수 있었다.

국내 중국 전문가의 의견이 가슴을 파고든다.

"대한민국의 모든 산업이 중국의 위협에 노출되어 있습니다."

제4부 살다 보니 이런 일도 있네요

지네에게 물리면 얼마나 아픈가요?

얼굴이 둥글둥글 복스럽게 생기고 배도 불룩한 진호는 작은 의류 봉제 회사를 운영하고 있다. 주중에는 회사 일을 열심히 하고 주말에는 서울 집에서 가까운 양평에 직접 지은 전원주택에서 텃밭을 가꾸며 소소한 일상을 즐기고 있었다.

어느 일요일 아침 양평 전원주택에서 늦잠을 자고 일어나 텃밭을 살펴보러 가기 위해 현관문을 나서던 그가 갑자기 오른쪽 발가락에 심한 통증을 느끼고 비명소리와 함께 그 자리에 주저앉았다.

남편의 비명소리를 듣고 방안에서 달려온 와이프가 자동차를 운전하여 가까운 병원 응급실에 가는 동안 평생 처음 느껴본 큰 통증에 진호는 불안한 마음이 진정

되지 않았다.

환자의 뚱뚱한 외모와 갑자기 발가락에 심한 통증을 느꼈다는 말을 들은 의사는 통풍인 것 같다는 진단과 함께 주사와 약 처방을 하였다. 병원 진료를 마치고 양평집에 가는 내내 진호는 와이프의 잔소리를 견뎌야 했다.

"술 좀 그만 마시고 운동하라고 그렇게 얘기했는데 내 말 안 듣더니 결국 이런 일이 생겼네요. 이제부터라도 제발 내 말 좀 들어요."

집에 도착해서도 잔소리를 하는 와이프에게 진호는 다음 주까지 텃밭 정리를 미룰 수 없으니 본인 대신 텃밭을 정리하라고 요청했다. 궁시렁거리며 일어나 텃밭 정리를 위해 현관문을 나서던 와이프도 발가락에 심한 통증과 함께 비명을 지르며 그 자리에 주저앉았다.

이번에는 진호가 운전하여 병원 응급실에 갔는데 동일한 부위에 동일한 증상으로 부부가 교대로 찾아오자

의사도 약간 당황한 모습이었다.

 신발을 신는 도중 갑자기 발가락에 심한 통증이 왔다는 말을 들은 의사가 와이프의 발을 찬찬히 살피고 벌레에 물린 듯한 자국을 보더니 지네가 물은 것 같다는 소견을 내고 응급조치를 취하였다. 오전에 증상만 확인하고 자세히 보지 않았던 진호의 발에도 동일하게 벌레에 물린 자국이 있었다.

 집에 도착 즉시 운동화 안을 살펴보니 의사의 예상대로 지네가 있었다. 부부는 텃밭을 가꿀 때 신는 운동화 한 켤레를 두고 함께 사용하였는데 텃밭을 출입하면 운동화에 흙이 묻어 현관문 바깥에 보관하고 있었다. 그런데 현관문 밖에 둔 신발에 우연히 지네 한 마리가 들어가게 되었고 부부는 교대로 그 신발을 신다가 지네에게 물린 것이다.

 그 얘기를 들은 친구들은 지네 한 마리에 함께 물릴 정도로 다정한 잉꼬부부라며 진호를 놀렸다.

그런데 지네에게 물리면 얼마나 아플까?

진호가 말했다.

"얼마나 아픈지 발가락을 망치로 내리치는 듯한 통증이었어."

고향의 5일장 추억이 사라졌다

어릴 적 고향의 5일장 장터는 재미있는 추억이 가득한 곳이었다. 엄마를 따라 5일장 장터에 가는 날은 평소에 먹지 못하는 맛있는 것을 먹을 수 있고 재미있는 볼거리도 많아서 장터까지 한참을 걸어가야 하는 먼 길이지만 설레임과 즐거움으로 발걸음이 가벼웠다.

상설로 운영되는 가게가 있는 읍내 시장에는 장날이 아닌 날에는 찾는 손님이 적었지만 5일장이 열리는 날에는 시장으로 들어가는 골목길 입구부터 면 단위 시골에서 온 많은 아주머니, 할머니들이 머리에 이고 등에 지고 가져온 농산물과 임산물을 파는 임시 좌판을 깔았다.

작은 골목길 좌우로 좌판이 깔려 더욱 좁아진 길에서

판매하는 여러 가지 물건과 그 물건을 사고파는 사람들을 구경하면서 앞서 걸어가는 엄마를 시야에서 놓치지 않으려고 나는 정신이 없었다. 특히 재미있는 모습과 맛있는 유혹 때문에 뻥튀기 아저씨, 엿장수 아저씨, 프라이드 통닭을 파는 가게는 내가 가장 좋아하며 항상 구경하던 곳이었다.

5일장 좌판 상인을 대표하는 사람은 뻥튀기 아저씨다. 뻥튀기 아저씨의 "뻥이요!" 하는 외침 뒤에는 뻥튀기 기계의 큰 소리와 하얀 연기가 시장을 덮었고, 가끔 아저씨가 "뻥이요!" 소리를 안 했는지 아니면 내가 못 들었는지 알 수 없지만 갑자기 뻥 하는 기계 소리에 깜짝 놀라기도 했다.

뻥튀기 기계 옆에는 쌀, 옥수수, 콩이 담긴 깡통이 줄지어 있었다. 엄마가 뻥튀기를 맡기고 다른 장 보러 가고 나면 나는 엄마가 맡긴 쌀이 담긴 깡통이 차례차례 앞으로 당겨지는 것을 지켜보며, 빨리 우리 쌀이 뻥튀기 기계에 들어가 튀겨지기를 바랐다.

 엿장수 아저씨가 있어 장터가 더욱 흥겨웠다. 아저씨는 흥겹게 장단을 맞추며 가위 치는 소리를 내었고, 가끔은 노래와 춤을 곁들이기도 했다. 사람들은 엿을 사기 위해 돈을 내기도 했지만 찌그러진 냄비, 공병, 못 신는 고무신을 가져와 엿을 바꿔 먹기도 했다.

 매혹적인 냄새로 나를 유혹했던 곳은 요즈음 옛날식 통닭이라고 부르는 프라이드 통닭집이었다. 시장 안쪽에 닭을 즉석에서 잡아서 프라이드 통닭을 만들어 파는 가게가 있었는데, 그 가게 앞을 지날 때면 프라이드 통닭의 고소한 냄새 때문에 정신을 못 차릴 지경이었다.

 철망 안에는 살아 있는 닭들이 있었고, 손님이 통닭을 주문하면 주인 아저씨가 가게 안쪽 구석에서 닭을 잡아 커다란 솥의 끓는 물에 닭을 담궜다가 돌아가는 기계 장치에 넣어 털을 뽑고 닭을 손질하였다. 손질된 생닭을 넘겨받은 아주머니는 닭을 토막 내지 않고 통째로 펄펄

끓는 식용유에 넣어서 통닭을 튀겼다.

내가 진열된 프라이드 통닭을 넋을 놓고 쳐다보고 있으면 엄마는 비싼 프라이드 통닭 대신에 다른 것을 사주겠다며 내 손을 잡아 끌었다.

40년이 지난 지금도 그때 장터의 모습이 눈에 선하다.

얼마 전 시간을 내어 어린 시절 추억을 느껴보고자 고향의 5일장 장터를 찾아갔다.

정겨운 옛 모습이 얼마나 남아 있을까 하는 기대를 가지고 간 장터는 오랜 세월만큼이나 많이 변해 있었다.

시장으로 들어가던 꾸불꾸불한 길 대신에 직선도로가 생겼고, 손수 농사지은 곡식, 채소, 과일을 팔던 순박한 아주머니와, 산과 들에서 직접 채취한 나물, 약초를 파시던 인심 좋은 할머니들은 사라지고 전국적으로 5일장 영업을 다니는 듯한 대규모 좌판이 그 자리를 대신하고 있었다.

장터 모퉁이에서 만들어져 있는 뻥튀기를 비닐에 담아 파는 상인은 있었지만 뻥튀기 기계, 뻥이요 소리, 흰 연기는 없었고, 엿장수 아저씨의 흥겨운 가위소리도 들을 수 없었다.

 나의 기억 속에 있는 정겨운 5일장 장터의 모습은 더 이상 현실에 존재하지 않았다. 추억 속의 그리운 아저씨, 아주머니, 할머니들과 순수했던 나의 어린 시절은 어디로 사라졌을까?

엄마! 이제 그러지 않아도 됩니다

2000년대 인기 남성 그룹 가수 god(지오디)가 불렀던 '어머님께'란 노래 가사에 이런 내용이 있다.

짜장면 하나에 너무나 행복했었어

하지만 어머님은 왠지 드시질 않았어

어머님은 짜장면이 싫다고 하셨어

어머님은 짜장면이 싫다고 하셨어

가난한 살림에도 불구하고 엄마가 어린 아들을 위해 짜장면 한 그릇을 시켜주시고, 맛있게 먹는 아들을 보며 엄마는 짜장면이 싫어서 안 먹는다고 하신 말씀을, 당시에는 엄마가 진짜로 짜장면을 싫어하는구나라고 생각했었던 어린 시절을 회상하는 아들의 노래이다.

세상의 모든 엄마들은 이렇게 자식을 키우셨고, 나를 키우셨던 엄마도 벌써 여든이 넘으셨다.

　하지만 나도 자식을 낳아 키워보니 엄마의 마음을 알게 되었기에 더이상 엄마의 거짓말을 믿지 않는다.

그런데 언제부터인가 엄마의 음식 양보 대상이 아들에서 손자로 변경되었다.

　손자 둘은 타지로 취직하여 나가서 따로 살고 집에는 세 식구(엄마, 와이프, 나)가 살고 있는데, 휴일에 가끔씩 손자가 집으로 오는 날에는 와이프가 좀 더 신경 써서 식사를 준비하게 된다.

　3대 가족이 함께 식사를 할 때면 엄마는 맛있는 반찬을 손자 앞으로 밀며 많이 먹으라고 하신다.

손　자: 할머니도 드세요.

할머니: 나는 괜찮아. 너 없을 때 많이 먹었다.

나:　　엄마! 이제는 그러지 않아도 됩니다. 더이상 아

들과 손자에게 맛있는 음식 양보하지 마세요.

할머니: 예로부터 메마른 논에 물 들어가는 것과 자식 입에 음식 들어가는 것보다 더 좋은 것이 없다고 했어.

신이 수많은 인간들을 개인별로 돌볼 수 없어 모든 인간들에게 엄마를 만들어 주었다는 글을 읽은 기억이 난다.

용의 분노

어느 시골 마을에 용의 전설이 전해져 내려오는 특이한 이름의 '용머리산'이 있다. 아주 오랜 옛날에 여의주를 물고 하늘로 올라가던 용이 있었는데 이를 시기, 방해하던 이무기와 싸우던 중 여의주를 깊은 강물에 빠뜨리게 되었다. 이무기를 물리친 용이 여의주를 찾기 위해 강 옆으로 내려와 산이 되었고, 언젠가 용이 여의주를 찾게 되면 다시 승천할 거라는 전설이 마을 주민들에게 전해져 내려오고 있다.

여의주가 빠졌다는 검푸른 강은 용머리산을 휘감아 흐르고 있는데, 강의 한쪽은 논과 밭이 있는 넓은 평지이고 다른 쪽은 높은 산줄기가 아래로 내려오며 절벽을 이루고 있다.

평지에 서서 강 건너편을 바라보면 유유히 흐르는 강과 조화를 이루는 절벽이 한 폭의 그림이고, 반대편 산 능선 위에서 바라보는 넓은 평지는 가슴이 시원해지는 자연을 느낄 수 있다.

대부분의 산들은 정상에서 산줄기가 아래로 내려오다 평지와 만나는 지점에서 완만한 경사를 형성하여 평지와 조화를 이루는 것이 일반적이지만, 이곳은 평지와 만나는 곳이 우뚝 솟아 있었고 그 봉우리가 용머리산이었다.

마을 사람들은 강을 끼고 아래로 길게 뻗은 절벽 능선을 용의 몸통으로 생각했고, 능선의 끝에 솟아 있는 봉우리를 용의 머리라고 인식했으며, 전체적인 형상은 용이 마을을 향해 드러누워 있는 모습으로 신성하게 여기며 살아왔다.

범상치 않은 이름에서 알 수 있듯이 예전부터 기운이 좋은 산이라고 알려져 용머리산 절벽에는 대웅전 내부에 큰 바위가 있는 오래된 작은 절이 자리잡고 있다. 그리고 산 중턱에는 무당들이 용머리산의 영험을 받으려고 찾아와 굿을 하는 장소도 여러 곳 있다.

경치도 아름다워 주변 도시에서 많은 등산객들이 찾고 있으며, 특히 절벽 중간에 있는 작은 길은 트레킹을 즐기는 사람들에게 숨은 명소로 알려져 있다.

이런 용머리산에 수년 전부터 개발의 바람이 불기 시작하였다. 사람들이 쉽게 용머리산에 오를 수 있도록 용의 목부터 몸통에 해당하는 구간에 잔도 설치 공사를 하면서 절벽에 구멍을 내고 철제 빔을 박으며 산을 훼손하였다.

그뿐 아니라 용머리산의 바위를 부수고 나무를 잘라내는 등 용의 머리 일부를 잘라내어 길을 만들었고 용의 몸통에는 터널을 뚫어 고속도로를 만들었다.

이 공사 후 얼마 지나지 않아 마을에는 전 국민에게 걱정을 끼쳤던 대형 화재 사고가 연달아 발생하였다.

용머리산에서 마주 보이는 산에 큰 산불이 나서 수십만 그루의 나무를 태웠고, 용머리산 아래에 있는 숙박시설에서 불이 나 많은 사람이 죽거나 다쳤다.

마을에 유래가 없는 화재 사고가 연이어 나자 사람들은 몸을 훼손당한 용이 분노하여 불을 뿜은 것이라고 수근거렸다.

두 곳의 큰 불과 용머리산 개발 사이에 직접적인 인과관계는 없겠지만 인간의 편의를 위해 자연을 훼손하는 개발에 마을 사람들의 마음이 편치 않은 것은 분명한 듯하다. 더이상 용의 분노가 없는 예전의 정감 있고 평화로운 시골 마을을 꿈꿔 본다.

조언을 구합니다

살아 있는 동안에 모든 재산을 자녀들에게 물려주면 말년에 고생한다는 의견을 TV, 유튜버, 선배들에게 종종 듣게 됩니다.

퇴직 후 남은 인생 동안에는 저축한 재산으로 행복하게 살고 그래도 남는 재산이 있으면 죽을 때 유산으로 자식에게 분배하면 된다는 것입니다. 저도 그렇게 생각하고 살고 있습니다.

얼마 전에 유산 배분 문제로 부모, 자식 간에 다투는 내용의 TV 프로그램을 와이프와 함께 보다가 저와 와이프의 의견이 다른 부분이 있어 고민을 하게 되었습니다. 그것은 자녀들에게 어떻게 유산을 배분해 줄 것이냐 하는 문제입니다.

자녀들이 모두 경제적으로 비슷한 상황이면 똑같이 배분하면 되지만, 자녀 간에 경제적 차이가 많이 날 때는 어떻게 할 것인지에 대한 의견의 차이가 발생하였습니다. 나는 잘사는 자녀보다 어려운 자녀에게 좀 더 줘야 한다고 말했고 와이프는 반드시 똑같이 나누어 주어야 한다고 얘기했습니다.

내가 차등 배분을 생각하는 이유는,

잘사는 자녀는 내가 도와주지 않아도 잘살 것이고, 어려운 자녀는 내가 도와주면 그의 가족이 행복하게 사는 데 도움이 될 것이라고 생각하기 때문입니다. 그리고 잘사는 자녀도 나의 생각을 이해할 것이라고 생각합니다.

그런데 저의 생각은 대가족 중심의 옛날 생각으로 현재 우리 자녀 세대의 생각은 그렇지 않다고 와이프는 주장합니다.

와이프가 균등 분배를 생각하는 이유는,

첫째, 잘사는 자녀의 경우 본인 노력의 결과이므로 유

산은 똑같이 받아야 된다고 주장할 수 있으며,

둘째, 잘살고 못사는 것은 시간이 지나면 바뀔 수도 있는데 그럴 경우, 기존의 차등 분배에 대해 재조정하자며 서로 다툴 수도 있으며,

셋째, 무엇보다도 유산 문제 때문에 불화가 생기면 형제자매 간에 원수처럼 평생 외면하며 살 수도 있다는 것입니다.

저의 생각을 정립하기 위해 많은 주변 지인들에게 의견을 물어본 결과, 거의 모든 분이 차등 배분보다 균등 배분해야 한다는 의견이었습니다.

그런데 균등 배분을 주장하는 분 중에도 많은 분들이 여러 가지 이유(장남이라서, 부모를 모시기 때문에, 못사는 것이 불쌍해서, 공부를 덜 시켜서 등)로 재산을 더 주고 싶은 자식이 있다고 했습니다.

그래서 제가 내린 결론은 공식적으로는 균등 배분을 하고 다른 자식들은 모르게 더 주고 싶은 자녀에게 평

소에 조금씩 꾸준히 지원하는 것입니다.

그런데 몰래 지원한 그 비밀이 끝까지 유지될까요?

상대성 이론

아인슈타인의 상대성 이론 어려우시죠?

일반 상대성 이론, 특수 상대성 이론, 광속불변의 원리, 상대성의 원리….

그래서 저만의 상대성 이론(?)이 있습니다. 실생활에서 경험하는 일상적인 것으로, 동일한 현상이 사람의 처해진 상황에 따라 다르게 느껴진다는 것입니다.

동일한 속도, 동일한 온도, 동일한 시간을 내가 처한 상황에 따라 다르게 느낀 사례를 소개합니다.

[속도]

고속도로에서 차를 운전하다 보면 졸음쉼터를 이용하는 경우가 종종 있습니다. 같은 제한최고속도라 해도 달

리는 자동차 안에서 느끼는 속도감과 쉼터에서 바라보는 달리는 자동차의 속도감에는 많은 차이가 있습니다.

졸음쉼터에 서서 시속 110km로 고속도로를 달리는 차들을 보면 속도감이 대단합니다. 내가 조금 전에 저 속도로 달렸다고 생각하니 약간 겁이 났습니다. 그런데 다시 고속도로를 주행하게 되면 옆 차량의 속도에 묻혀 속도감을 제대로 못 느낍니다.

과속을 종종 하는 사람들에게는 안전 운전을 위해 고속도로 졸음쉼터 안전 펜스 옆에 서서 쏜살같이 지나가는 차량을 직접 느껴보기를 권합니다.

[온도]

비닐하우스에서 깻잎을 재배하는 친구가 있습니다. 나는 가끔씩 방문하여 한두 시간 정도 깻잎을 따는 것을 도와주곤 합니다. 비닐하우스 안에는 깻잎의 성장을 위하여 겨울에 난로를 가동하여 온도를 높이기 때문에 덥습니다.

평소에는 친구를 신경 쓰지 않고 저의 페이스대로 쉬엄쉬엄 작업을 하기 때문에 하우스 내부가 덥긴 해도 견딜만합니다.

그런데 출하해야 할 물량이 많은 날의 경우, 친구의 바쁜 손길을 보면 나도 덩달아 마음이 급해져 여유를 가지지 못하고 작업을 하는데 그날은 평소보다 하우스 안이 더 덥게 느껴집니다.

같은 하우스 내부 작업인데도 마음에 여유가 있는 날과 그렇지 않은 날에 느끼는 하우스 안의 더위는 다르게 다가옵니다.

[시간]

엘리베이터의 속도는 언제나 일정합니다.

아파트의 고층에 살고 있어 엘리베이터를 타면 평상시에는 엘리베이터 안에서 바뀌는 층 숫자를 보기도 하고, LED 광고 화면을 보기도 합니다.

그런데 가끔 화장실이 급한 경우에는 언제나 엘리베이터의 층 숫자를 지켜보게 되는데, 이런 날은 층 숫자의 바뀜이 느리게 느껴져 마음이 더 조급해집니다.

이처럼 속도, 온도, 시간에 대해서 상황별로 다르게 느끼는 것은 비단 저만이 아닐 것입니다.

곰곰이 생각해보면 우리가 인생을 살면서 겪는 모든 것에 상대성 이론이 적용된다고 생각합니다.

모든 사람들이 중요하게 생각하는 행복, 사랑, 우정, 돈과 관련하여 작게 소유하고 있어도 크게 느낄 수 있는 상대성 이론을 많이 경험하면서 살면 좋겠습니다.

나이 들수록 시간이 빨리 가는 이유

하루 24시간, 1년 365일은 모든 사람에게 동일하다. 다시 말하면 물리적 시간의 속도는 남녀노소, 모두에게 동일하다는 것이다.

그런데 사람들은 나이가 들수록 시간이 빨리 간다고 얘기한다. 시간의 흐름을 자동차 속도에 비유하여 30대에는 시속 30킬로미터, 50대에는 시속 50킬로미터, 70대에는 시속 70킬로미터로 시간이 간다고 친구들끼리 농담을 한다.

은퇴 이후인 60대부터는 여유 시간이 많아 젊을 때보다 시간이 느리게 느껴질 텐데 왜 반대로 느낄까?

이것을 설명하는 과학적인 연구 데이터는 없지만 어느 정도 공감할 수 있는 이론이 있다.

[나이 들수록 새로운 경험이 줄어든다]

우리는 연말에 한 해를 돌아보며 지난 한 해 동안 어떤 일이 있었는지를 회상하게 된다.

기억나는 일이 많은 사람에게는 지난 일 년을 열심히 살았다는 생각으로 세월이 무심하게 느껴지지 않을 것이다. 반면 기억나는 일이 별로 없는 사람에게는 한 것도 없이 일 년이 지나갔다는 허무한 생각이 들 것이다.

20대에게 하루하루는 새로운 경험의 연속이다.

(입학, 연애, 군대, 취업, 여행 등).

따라서 연말에 일 년을 돌아보면 기억나는 일이 많다. 새해가 되어도 세월이 빨리 간다는 느낌보다 새로운 경험을 맞이하는 설레임이 더 크다.

반면 40대에게 하루하루는 같은 날의 반복이다.

(회사일, 집안일 그리고 회사일, 집안일).

20대에게는 새로운 경험들이 40대에게는 이미 경험

한 일이라 더이상 새롭지 않다. 가끔 새로운 경험도 있지만 이전에 많은 유사한 경험으로 인해 새로움의 강도는 약하다. 그래서 연말에 지난 일 년을 돌아보면 기억에 남는 것이 별로 없다.

나이가 들수록 지난 일 년을 뒤돌아보면 기억나는 일 즉 새롭게 경험한 것이 적다 보니 세월만 빠르게 간다고 느껴지는 것이다.

[인생의 남은 시간이 적을수록 시간은 빨리 간다]

20대, 30대에는 살아온 시간보다 살아갈 시간이 많기 때문에 남은 인생이 얼마 없다고 생각하지 않는다. 작년 일 년이나 올해 일 년이나 차이를 느끼지 못한다.

그런데 40대 이후에는 인생을 반 이상 살았기 때문에 남은 인생이 점점 줄고 있다는 것을 자각한다. 그러면서 흐르는 시간에 초조해하고 아쉬워하게 된다.

쉽게 이야기하면 남은 시간이 적을수록(죽음에 가까울수록) 세월이 더 빨리 가는 것처럼 느껴진다.

나이 들수록 세월의 흐름을 덜 아쉬워하려면 적극적으로 새로운 경험을 많이 하며 살아야 한다. 젊은 시절에 돈이 없어서 또는 시간이 없어서 해보지 못했던 즐겁고 재미있는 것들을 많이 하면서 살고 싶다.

거위 오리 닭의 서열

거위, 오리, 닭이 같은 닭장 안에서 생활하고 있다. 이 3종류 조류의 힘의 서열은 어떻게 될까?

크 기: 거위 〉 오리 = 닭

민첩성: 닭 〉 오리 〉 거위

TV에서 보면 동물들의 서열이 가장 잘 나타날 때가 먹이를 먹을 때이다. 같은 종류의 동물 사이에서는 먹이가 생기면 무리 중에서 힘이 세고 싸움을 가장 잘하는 우두머리가 가장 먼저 먹는다. 그리고 다른 종류 간에는 힘이 센(싸움을 잘하는) 종류가 힘이 약한 종류의 먹이를 뺏어 먹는다.

지난 봄 과수원 옆 공터에 10평 내외의 조그만 닭장을 만들었다. 닭을 키워 알을 얻고자 하는 목적이 우선

이었지만 여름 복날에 친구들과 몸보신을 할 수도 있다고 생각했다. 닭 5마리(수컷 1마리, 암컷 4마리)를 전문 양계장을 하는 친구에게서 구해 왔다.

조그만 먹이통 하나에 사료를 주면 닭 중에서 가장 힘센 수탉이 아니라 암탉 중에서 가장 힘센 암탉이 먼저 와서 먹는다. 다른 암탉들이 먹으러 오면 힘센 암탉이 쪼아서 쫓아낸다.

다른 암탉들이 먹으려고 시도하고 쫓겨나는 과정을 수차례 반복하다가 힘센 암탉이 어느 정도 먹이를 먹고 난 후 모두 함께 먹는다.

수탉은 주위를 경계하듯이 먹이통 주변에 서 있다가 모든 암탉들이 먹기 시작하면 그때서야 함께 먹는다. 수탉이 암탉들을 보호하는 모습에서 무리의 우두머리답다는 생각이 든다.

닭들이 복날을 무사히 넘기고 초가을이 되었을 무렵 오리 2마리가 닭장으로 이사를 왔다. 먹이를 주면 오리는 먹이통 주변에 얼씬도 할 수 없었는데, 오리가 먹이통으로 한두 걸음만 다가와도 닭들이 겁주는 수준이 아니라 애처로울 정도로 사납게 쪼아대었다.

최근에 이웃집 아주머니께서 거위 2마리를 주셔서 닭, 오리, 거위가 함께 닭장에서 생활하게 되었다.

성질이 사납고 행동이 민첩한 닭들이 우세할 것으로 예상했지만 결과는 덩치가 약 1.5배 정도 큰 거위가 먹이통을 장악하였다. 닭들이 먹이통에 다가오면 위협하여 쫓아냈으나 이전에 닭이 오리를 쪼아댄 것처럼 사납지는 않았다.

체구가 작은 개가 본인들보다 큰 소와 말들에게 겁을 주고, 몰이도 하지만 닭과 거위 사이는 그런 관계가 아닌 듯하다. 유순하게 생긴 것과 달리 거위의 성격이 만만하지 않은 것 같다.

특이한 것은 최강자인 거위가 나타나자 닭이 최약체인 오리를 괴롭히는 경우가 거의 없어졌다. 거위 앞에서

약자가 되어보니 약자의 심정을 알게 된 걸까?

그런데 본인보다 약한 사람에게 함부로 행동하고 강한 사람에게는 비굴한 모습을 종종 보이는 인간사회와 대비된다.

죽음의 문턱까지 가 본 경험

인생을 살면서 누구나 한 번쯤은 크고 작은 아찔한 위험을 경험할 것이다. 그런데 그 위험 상황이 죽을 뻔한 경험이라면 평생 지울 수 없는 트라우마가 되기도 한다.

1970년대에는 강, 저수지에서 수영하다가 빠져 죽는 사람들이 많았다. 요즘과 달리 안전시설이 부족하고 안전의식도 높지 않은 측면이 있었고, 여가시설이 부족해서 여름에는 많은 사람들이 강과 저수지에서 시간을 보낸 이유도 있을 것이다.

시골에서 태어나고 자란 나에게 어린 시절에는 산과 들이 놀이터였다. 초등학교 시절 나는 부모님의 말씀을 잘 듣는 착한 어린이였다. 아버지께서 나와 동생에게 절대로 수영하러 가지 말라고 하였기 때문에 친구들이 강

으로 놀러 가면 나는 동생과 집에서 놀았다. 그래서 나는 수영을 배울 기회가 없었다.

중학교 1학년 여름, 사춘기였던 나는 아버지의 말씀을 어기고 친구들과 강으로 놀러 갔다. 깊지 않은 강물 중간에서 친구들과 놀았는데 내가 수영을 못하는 것을 아는 친구들이 나를 물속으로 집어넣어 물을 먹이는 장난을 하였다.

두어 번 물을 먹은 나는 친구들이 나에게 다가오자 강 아래쪽으로 달아났다. 친구들이 쫓아왔지만 유속이 빠른 지점에 도달하자 친구들로부터 도망칠 수 있었다.

문제는 그때부터 발생하기 시작했다. 강물은 허리 높이 정도였으나 빠른 유속으로 인해 몸을 정지시킬 수 없었다. 물살이 약한 지점까지 떠밀려온 나는 몸을 세웠지만 발끝이 강바닥에 닿지 않았다.

정신을 가다듬고 강의 가장자리를 향해 있는 힘껏 팔과 다리를 휘저었다. 그렇게 호흡을 참고 한참(실제는 십여 초 정도였을 것이다)을 전진한 후, 몸이 물 위로 나오리라 예상하고 몸을 세웠으나 여전히 다리는 강바닥에 닿지 않고 얼굴은 강 속에 있었다.

  이제 죽을 수도 있겠구나 하는 무서움이 들었다. 동시에 여러 가지 기억이 파노라마 사진처럼 머리를 스쳐갔다.

엄마의 웃는 얼굴

아버지에게 혼나던 순간

동생과 과자를 먹는 모습

  순간 살아야겠다는 의지로 숨을 참고 물속에서 다시 강의 가장자리를 향해 팔과 다리를 열심히 저었다. 더이상 숨을 참을 수 없을 지경에 이르렀을 때 '이제 발이 강바닥에 닿지 않으면 죽는다.'는 생각을 했다.

  다행히 나의 운명은 그때가 끝이 아니었는지 몸을 세우자 얼굴이 수면 위로 나왔다.

아 살았다~

강물 밖으로 천천히 걸어 나오면서 보이는 모습, 들리는 소리, 비치는 햇빛이 마치 다른 세상의 그것처럼 느껴졌다.

슬로모션처럼 느리게 다가오는 주변 모습

아련하게 들리는 물 소리와 사람 소리

뜨거운 여름 한낮임에도 별다른 느낌 없는 햇살

아마 잠깐 동안 넋이 약간 나갔던 것 같다. 잠깐의 시간이 흐르고 정신을 차려보니 나는 죽다가 살았는데 세상은 너무나 평온하였다.

친구들은 나에게 무슨 일이 있었는지도 모른 채 여전히 강물에서 즐겁게 놀고 있었다.

조합장 선거 1표차로 낙선하다

고향 친구들 중에서 가장 착하고 차분한 사람하면 민구가 떠오른다. 그와는 초중고등학교를 함께 다녔는데, 친구들이 놀리거나 짓궂은 장난을 쳐도 그는 얼굴을 붉히며 맞대응하지 않고 조용한 목소리로 의견을 조곤조곤 말했었다.

민구는 부모님 말씀도 잘 듣고 부지런한 아이였다. 친구들 중에는 학교 수업을 마치면 곧장 집으로 가서 집안일을 돕는 경우가 있었는데, 민구도 아버지의 말씀에 따라 집에서 키우는 소를 돌보는 일을 거의 매일 하고 있었다.

초등학교 수업이 끝나면 친구들끼리 산으로 가서 전쟁놀이를 하거나 운동장에서 축구를 하였는데, 친구들이

민구에게 함께 놀자고 해도 그는 놀고 싶은 마음을 참고 집으로 가 소꼴을 베고 소죽을 끓여서 소에게 먹였다.

많은 친구들이 대학을 졸업하고 고향을 떠나 대도시에서 취직하고 정착하는 것과 달리 그는 고향에서 형의 사업을 돕기도 하고 조그만 농업 자재상을 하면서 친구들과 서로 도우며 살았다.

친구들에게 경조사가 있거나 힘든 일이 생기면 누구보다도 먼저 가서 도와주었으며, 열심히 사는 친구들이 급하게 돈이 필요한 경우에는 수백만 원을 선뜻 빌려주는 속이 깊은 친구였다.

그의 나이 사십쯤 되었을 때 농업 자재상을 그만두고 형이 하던 소 키우는 일을 넘겨받아 축산업에 발을 들여 놓으면서 조합원이 되었다. 세월이 가면서 자연스럽게 고향 축산업자들에게 그의 성실함과 정직함이 알려졌고, 당시 조합장의 업무 방식에 불만이 있던 조합원들 사이에서 차기 조합장 선거 출마후보자로 그의 이름이 거론되기 시작하였다. 친구들과 일부 조합원들이 그에게 출마를 권유하였지만 자신은 그런 일을 할 만한 능력이 없다며 한사코 거절하였다.

4년 후 실시된 조합장 선거에서도 그가 먼저 나서지 않자, 주변 지인들이 조합 개선의 적임자라며 그를 힘들게 설득한 결과, 민구는 투명하고 공정한 조합 운영을 캐치프레이즈로 조합장 선거에 출마하게 되었다.

당시 현직의 2선 조합장은 사회적 지명도가 거의 없는 민구가 경쟁자로 출마하자 선거를 쉽게 이길 수 있을 것이라는 예상으로 기뻐하였으나, 선거일이 가까워질수록 민구의 인기가 올라가자 당황하였다.

조합장 선거는 수천 명의 조합원들이 직접 투표하여 선출했는데 양측의 선거운동 방식이 달랐다.

현 조합장 측은 조직력을 이용하여 조합장이 여러 명의 선거운동원을 데리고 다니며 세몰이 유세를 하는 것

에 비해, 민구는 와이프와 함께 선거운동원 1명만 대동하고 다니며 조합원 개개인과 대화하듯이 선거운동을 했다.

현 조합장의 권위적인 모습과 달리 민구의 소탈한 모습과 진정성 있는 자세에 조합원들의 마음이 움직이기 시작하여 선거는 결과를 예측하기 어려운 팽팽한 분위기였다.

하지만 당선 가능성의 희망을 갖고 지켜본 개표 결과는 1표 차의 아쉬운 패배였다.

주변에서는 조합원 자격이 없는 사람이 포함된 부정선거라며 소송을 제기할 것을 권유하였지만 그는 조합원들 간의 분쟁이 바람직하지 않다며 투표 결과를 수용하였다.

4년 후의 조합장 선거는 투표 전에 이미 결과가 예상되었다. 비록 이전 선거에서 졌지만 변함없는 마음과 행동으로 생활한 덕분에 민구의 품성을 더 잘 알게 된 조합원들은 조합장 선거에서 민구에게 압도적인 지지를 보내 그가 조합장에 당선되었다.

사람들은 당분간 그와 경쟁할 조합장 후보가 없을 거라고 말하는데, 그가 조합업무를 투명하고 공정하게 잘할 뿐만 아니라 일반 사람이 가지기 어려운 특별한 품성의 매력이 있기 때문이다.

나는 지금까지 살면서 민구가 화를 내거나, 욕을 하거나, 누구와 다투는 모습을 본 적이 없다.

당신 가방끈이 뭐야?

조그만 아파트 단지에 유별난 입주자대표회의 회장이 있었다. 그의 임기 2년 동안 5명의 아파트 관리소장이 교체되었다. 회장이 용역 관리 회사에 소장 교체를 요구하거나, 회장의 괴롭힘에 못 견뎌 스스로 소장직을 포기한 것이다.

회장은 수시로 아파트 관리사무소를 드나들며 왜 업무를 열심히 하지 않느냐? 왜 업무를 그렇게 처리하느냐? 등 사사건건 소장에게 컴플레인을 제기하였다.

심지어 관리사무소의 서류 또는 아파트 공지문에 오타가 발생하면 문서작성도 제대로 못하는 무능한 소장이라고 비난하였다.

용역 관리 회사 내에서 근무하기 힘든 아파트라는 소

문이 퍼져 관리소장들은 이 아파트로 발령나는 것을 꺼려했다.

회장의 행동이 너무 심하다는 소문이 입주민에게 알려져 차기 입주자대표회의 회장 선거에서 그는 낙선했다.

그런데 입주민 의견을 빙자한 그의 아파트 관리소장 괴롭힘은 계속되었다. 이제는 아파트 내부 차원에서 그치지 않고 구청에도 민원을 수시로 제기하여 구청 직원들도 부담스러워하였다.

그의 괴롭힘에 견디지 못한 기존 관리소장이 그만두고 새로운 관리소장이 왔다. 신임소장은 건장한 체격에 머리도 단정하고 짧아 풍기는 이미지가 범상치 않았고 업무 처리도 관련 법규와 관리규약에 기준을 두고 충실히 진행하였다. 그가 사무실에 나타나 컴플레인을 할 때도 이전의 관리소장들처럼 굽신거리지 않았고 사무적으로 대하였다.

한번은 관리소장의 업무가 잘못되었다고 지적하자, 소장은 관리규약에 근거하여 업무를 처리하였다고 설명하였다. 관리소장이 잘못을 인정하지 않자 그는 구청에 민원을 제기하였고 구청에서는 문제가 없다는 답변을 보내왔다.

자존심이 상해 한동안 관리사무소에 나타나지 않던 그가 어느 날 찾아와 새로운 컴플레인을 제기했다. 관리소장의 입주민을 대하는 태도가 불손하다는 것이다.

"입주민이 얘기하면 공손하게 들어야지. 나는 ROTC 장교로 임관하여 소령으로 제대했고 공기업에서도 근무한 사람이야. 당신이 얼마나 잘났으면 그렇게 뻣뻣해? 도대체 당신의 가방끈은 뭐야?"

관리소장이 대답 없이 가만히 있자 그는 목소리를 높였다.

"나는 얘기했으니 당신의 가방끈을 얘기해 봐."

관리소장은 상대하고 싶지 않은 눈치였으나 그가 계

속 닦달하자 점잖게 대답했다.

"예 저는 중령으로 제대하고 관리소장하고 있습니다."

그가 목소리를 낮추더니 슬그머니 사무실을 빠져나갔다. 요사이는 대기업 간부 또는 군대 영관급 장교들이 은퇴 후 주택관리사 자격증을 따서 아파트 관리소장으로 재취업하는 경우가 종종 있는데 그는 모르고 있었나 보다.

독일 남녀 혼탕 사우나 체험기

1990년대 중반 나는 회사에서 독일로 비즈니스 출장을 가게 되었다. 당시는 지금과 달리 해외여행이 흔하지 않아 외국에 대한 궁금함과 호기심이 많던 시기였다.

회사 내에서도 유럽 출장은 매우 드문 경우로 회사 동료들은 부러워하며 독일에 관련된 여러 가지 미션을 나에게 줬다.

- 맥주가 유명하니 다양한 맥주를 마셔보라.
- 엄청 큰 맥주집이 있다고 하더라.
- 소시지 본토의 맛있는 소시지를 먹어보라.
- 성인용품 숍이 유명하니 꼭 가보라.
- 사우나가 남녀 혼탕이라는데 확인해보라.

출장 목적에 대한 부담감도 있었지만 독일 사회에 대한 여러 가지 궁금증을 갖고 혼자 비행기에 올랐다.

겨울이라 해가 서너 시경에 져서 어둠이 일찍 내렸고 독일 회사의 업무시간도 일찍 종료되었다. 그리고 저녁이면 거의 모든 숍들이 문을 닫고 거리에는 사람들이 거의 없었다.

그래도 나의 귀국을 기다리고 있을 동료들의 기대에 부응하기 위해 호텔에만 있을 수 없어 용기를 내어 거리에 나가 열린 숍을 찾아 나섰다. 인적 드문 낯선 거리, 희미한 가로등이 홀로 거니는 이방인에게는 약간의 두려움으로 다가왔다.

모든 가게들이 문을 닫은 가운데 멀리서 불 켜진 숍이 보이길래 가까이 가보니 성인용품 숍이었다. 나름 용기를 내어 살며시 문을 열고 들어가니 손님 한 명 없이 조용한 실내에 카운터에 있던 키 큰 주인아저씨가 동양인 한 명이 들어오자 힐끔 쳐다보고는 관심을 두지 않

는 듯했다.

지금은 국내에서도 영화와 유튜버 영상을 통해 흔하게 볼 수 있는 성인용품(채찍, 수갑, 기구, 의상, 가면 등)을 신기한 듯 구경했다.

성인용품 구경을 성공적으로 마치고 호텔로 돌아온 나는 또 다른 숙제를 해야 했다.

- 사우나가 진짜 남녀 구분 없는 혼탕일까?
- 혼탕에 여자들도 있을까?
- 서양인 머리털과 하체는 같은 색일까?

역시 용기를 내어 호텔 지하의 사우나를 방문하였다. 탈의실에는 사람이 없었다.

알몸으로 사우나 문을 열고 들어가는데 사우나를 마치고 나오는 가족인 듯한 부부와 어린 여자아이와 마주쳤다. 낯선 동양인을 보고 놀란 표정의 아이가 뒤돌아서 엄마에게 가는 모습을 보고 나도 약간 당황스러웠다.

하지만 그 짧은 순간에도 나는 부부의 머리와 하체를 스캔하였다. 그들의 머리털 색상과 하체의 색상은….

비행기 추락 공포

결혼기념일을 맞아 와이프와 2박 3일 일정으로 제주도 여행을 다녀왔다. 막내도 작년에 취업하여 분가하고 집에는 둘만 살게 되어 조용한 성격의 와이프가 외로움을 타는 듯하여 분위기 전환이 필요한 상황이었다. 경치 좋은 곳에 있는 빌리지에서 숙박을 하고 유명 맛집을 다니며 행복한 시간을 보내고 오후 비행기로 제주를 떠나게 되었다.

우리 부부는 집으로 돌아간다는 즐거운 마음으로 제주공항에 도착하여 탑승 수속을 하였고 날씨가 흐렸지만 비행기는 예정된 시간에 서울로 이륙했다. 비행기가 공항을 이륙한 지 얼마 지나지 않아 비가 내리기 시작하더니 잠시 후에는 바람까지 불어 비행기가 약간 흔들렸다.

이번 제주 여행에서 좋았던 점에 대해 와이프와 이야기를 나누고 있는 중 착륙을 예고하는 기내 안내 방송이 나왔다. 그런데 안전벨트를 매라는 통상의 멘트 외에 김포공항에 바람이 많이 불고 있어 비행기가 심하게 흔들릴 수 있으니 안전에 유의하라는 기장의 안내가 있었다.

서울로 오는 비행 중 바람 때문에 여러 차례 흔들리던 비행기가 공항 부근에 왔을 때는 더 심하게 흔들렸고 착륙을 위해 비행기가 하강하는 순간에는 기체가 요동치는 것 같았다. 창문 밖으로 비행기 날개가 아래 위로 흔들리는 모습을 실제로 보니 약간의 불안함이 생겼다.

그런데 착륙을 위해 지면과 가까워지던 비행기가 갑자기 위로 상승하자 일부 승객들이 수근거렸다.

"이거 왜 이러지? 바람이 심한가 보다."

심한 바람 때문에 비행기가 착륙하지 못하고 다시 하늘로 날아 올라간 것이다.

나는 수많은 여행과 출장 중에 난기류를 만나 비행기가 아래로 뚝 떨어지거나 좌우로 흔들리는 경우는 종종 경험했지만 착륙 중에 비행기가 이처럼 심하게 흔들려 착륙하지 못하고 상승하는 경우는 처음이었다.

잠시 후에 기장이 다시 착륙을 시도한다는 방송이 나왔다. 불안한 마음을 떨쳐 버릴 수는 없었지만 '이번에는 잘 착륙하겠지.' 하는 생각을 하였다.

비행기가 하강을 시작하자 조용한 기내에는 긴장된 분위기가 흘렀고 일부 승객들의 표정은 굳어 있었다. 불행히도 두 번째 착륙도 실패하고 심하게 흔들리는 비행기가 재상승하자 승객들의 비명과 아이의 울음소리가 들리기 시작했다.

나는 '이제 다른 공항으로 회항하겠구나.'라고 생각했다.

예상과 달리 기장이 세 번째 착륙을 시도한다는 방송이 나오자 승객들의 불만 소리가 여기저기서 터져 나왔다.

"회항해야지. 뭐 하는 거야."
"이러다 잘못되면 어떻게 할 거야."

나는 '기장이 너무 무리하는 것이 아닌가?' 하는 생각과 함께 '이러다 사고 날 수도 있겠구나.' 하는 불안감이 엄습하였다.

옆 자리 아내를 보니 눈을 감고 기도하고 있었다. 나도 어느샌가 와이프의 손을 잡았고 '하나님 도와 주세요.'라고 기도를 하였다.

바람에 기체가 더 세게 흔들리는 가운데 비행기가 세 번째 착륙 시도를 위해 하강하자 사람들의 비명소리가 더욱 커졌고 바퀴가 땅에 닿아 비행기가 덜컹 하는 순간 비행기 내부의 긴장과 비명은 최고조에 달했다.

다행히 이번에는 무사히 비행기가 착륙하였다. 모든

승객들이 이제 살았구나 하는 안도의 한숨을 쉬었지만 상기되었던 얼굴은 쉽게 가라앉지 않고 있었다. 과연 비행기가 착륙 시도를 세 번씩 하는 경우가 얼마나 될까요?

0.01% ? (만 번 착륙에 한 번)

아니면 0.0001% ? (백만 번 착륙에 한 번)

혹시 아시는 분 있으면 연락 좀 주세요.

장남의 반란

고향 친구 태훈이를 오랜만에 만났다. 그와는 지방 소도시 한동네에서 자라고 초중고를 함께 다닌 죽마고우로 둘 다 대학 졸업 후 서울에서 취업, 결혼하고 생활하고 있어 종종 만나는 친한 사이다.

그런데 오늘은 태훈이의 표정에서 어두운 면이 느껴져 "무슨 일 있느냐?"고 물었지만, 그는 "별일 아니다."고 대답했다.

아이들 진로 문제, 회사 임금피크제 등을 안주 삼아 술을 제법 마셨을 때 삼형제의 막내인 태훈이가 그의 큰형 얘기를 꺼냈다.

나도 그의 큰형을 잘 안다, 어릴 적 동네에서 함께 놀 때 큰형은 우리들의 골목대장이었는데 성격이 쾌활하고

듬직한 좋은 형이었다.

어머니가 돌아가신 후 혼자 사시던 아버지를 10여 년째 모시고 살고 있는 큰형은 재작년에 직장을 정년퇴직하고 고정된 직업 없이 지인들의 일을 도와주며 생활하고 있었다.

장손, 장남 중심 전통사회에서 자란 태훈이는 특별한 사정이 없는 한 장남이 아버지를 모시는 것이 당연하다는 생각과 함께 큰형이 아버지를 잘 모시는 것에 고마워하고 있었다.

그런데 세상의 관습이 변하고 형의 생각도 바뀌고 있다는 것을 태훈이는 알지 못했다. 지금까지 아버지를 잘 모시고 맏이로서 듬직하던 큰형이 지난 추석날, 가족(아버지, 삼형제와 아내들)들이 모인 자리에서 폭탄선언을 하였다.

그동안 큰형이 가지고 있던 여러 가지 불만을 털어놓으며 아버지를 더 이상 모실 수 없으니 동생들에게 모시라고 한 것이다.

"어릴 적부터 나는 동생들에게 많은 양보를 하며 자랐다."

"내가 아버지를 모시는 수고를 동생(제수)들은 모른다."

"아버지 근력이 약해지고 거동도 불편해져서 점점 모시기 힘들어진다."

태훈이는 그전에 아무런 징후도 없던 큰형이 갑자기 가족들 앞에서 동생과 제수들을 나무라며 본인이 더 이상 아버지를 모시지 않겠다고 일방적으로 통보한 것이 납득되지 않았다. 무엇보다도 아버지 앞에서 그런 얘기를 하여 아버시가 얼마나 마음이 아프실까 안타까웠나고 했다.

서울 사는 둘째 형 부부와 태훈이 부부는 직장 생활을 하고 있어 아버지를 모시기가 곤란한 상황이고, 아버지도 고향을 떠나지 않겠다고 하여 두 동생이 물심양면으로 더 관심을 가지는 것으로 상황이 일단락되었다.

태훈이가 독백처럼 말했다.

"큰형이 그동안 많이 힘들었나 보다. 그런데 삼형제가 따로 만나 의논했으면 좋았을 텐데 왜 모든 가족의 마음을 아프게 하는 방식으로 큰형이 행동했을까? 시간이 지나고 서로의 감정이 차분해지면 큰형에게 왜 그랬는지 물어보고 싶다."

술자리를 마치고 헤어지며 태훈이가 한 말은 나의 마음을 더 아프게 했다.

"한번 금이 간 우리 형제의 우애는 원상회복될 수 있을까?"

말로만 듣던 손 기술

 동종업계 회사의 임원들과 골프를 쳤다. 오래전부터 두 회사 간에 친목 도모를 위해 일 년에 한 번씩 진행하고 있는 골프 행사였다.

 상대 회사 사장과 전무를 초청하고, 우리 회사 사장을 모시고 내가 함께 했다. 작년에 동일한 멤버로 라운딩한 경험이 있어 올해는 더욱 친근하게 덕담과 농담을 주고받으며 즐거운 시간을 보낼 수 있었다.

 그날의 해프닝은 핸디캡 1번 코스에서 발생했다.

 가파른 언덕을 올라가는 코스로 그린 주변의 벙커에 빠지면 탈출하기가 어려워 웬만한 실력의 골프들은 싫어하는 홀이었다. 경사진 언덕 위에 그린이 있고 벙커가 매우 깊어 그린에서 보면 벙커샷 하는 사람이 보이지

않았다.

4명 모두가 세컨샷을 온그린 시키지 못하고 골프공이 그린 주변으로 떨어졌는데 상대 회사 사장의 공이 벙커에 들어갔다.

각자 온그린 샷을 위해 이동하였고, 나는 세 번째 샷에서 홀과 가까이 공을 붙이고 마크를 하기 위해 공 쪽으로 걸어가고 있었다. 그 순간 "벙크샷 합니다!"는 소리가 들렸고 모래와 함께 골프공이 그린 위로 떨어졌다.

동반자들이 외쳤다.

"굿 샷!"

"나이스 샷!"

어려운 벙커샷을 성공한 상대 회사 사장이 환한 미소를 지으며 그린으로 올라왔다. 멋진 샷이었다는 말과 함께 우리 회사 사장이 농담을 던졌다.

"단번에 탈출하시다니 손으로 던진 것 같습니다."

상대 회사 사장이 말했다.

"운이 좋았습니다."

모두가 퍼팅을 마무리하고 카트 승차를 위해 그린을 벗어나면서도 상대 회사 사장의 멋진 벙커샷을 칭찬하는 말이 이어졌다. 그런데 카트가 다음 홀로 이동하는 순간 상대 회사 사장이 어색한 웃음을 지으며 말했다.

"죄송하지만 사실은 전 홀 벙커에서 손으로 공을 던졌습니다. 사장님! 혹시 제가 손으로 던지는 것을 보셨습니까?"

모두가 한바탕 웃음으로 다음 홀로 이동하였고 그날의 행사는 잘 마무리되었다.

다음날 출근하여 우리 회사 사장에게 물어보았다.

"상대 회사 사장이 벙커에서 손으로 공 던지는 것 보셨습니까?"

"아니, 보지는 못했고 매우 어려운 벙커샷을 쉽게 성공

하길래 농담으로 해본 거야."

골프장에서 농담으로 주고받는 핸드웨지[5]를 실제 사용하는 사람을 처음으로 보았다.

평소 젠틀한 분이 왜 그랬을까?

골프 잘 치고 싶은 마음! 알다가도 모를 일이다.

---

[5] 웨지는 가까운 거리를 보낼 때 사용하는 골프클럽으로 손을 웨지처럼 사용한다는 말. 즉 손으로 공을 던진다는 의미이다.

이런 골프장도 있네요

골프는 친구들과 하는 것이 가장 즐겁고 편안하다. 공기 좋고 물 맑은 지방 산골에 있는 골프장으로 친구들과 즐거운 마음으로 갔다. 코스도 자연스럽고 잔디 관리도 양호하여 마음에 드는 골프장이었으나 제가 골프를 친 20년 동안 가장 최악의 경험을 하였다.

일부 골프장에는 골프장 측과 인근 주민 사이에 분쟁이 있는 경우가 있다. 분쟁의 원인이 골프장 측에 있는 경우가 있고 인근 주민에게 있는 경우도 있으며, 분쟁의 내용도 다양하다.

분쟁의 가장 흔한 이유 중 하나가 골프장에 접한 토지의 매매 가격 차이 때문이다. 골프장 측은 시세에 구매하려고 하고 토지 주인은 가능한 비싸게 팔려고 하는

데 그 차이가 현저히 클 때 협상이 되지 않아 분쟁이 생기게 된다.

그동안 내가 경험한 토지 주인이 골프장 측을 괴롭히는 방법으로는 1) 개를 키워 개 짖는 소리가 나는 경우, 2) 돼지, 소를 키워 배설물 냄새가 나는 경우, 3) 험악한 글이 적힌 현수막을 부착하는 경우가 있었다.

이런 경우 골프를 하기에 불편하기는 하지만 참을 만하였는데 이번 산골 골프장에서 경험한 것은 참기가 매우 어려웠다.

골프는 예민한 운동이며 멘탈이 중요하다고 한다. 동반자가 샷을 할 때는 나머지 사람들은 조용히 하는 것이 골프 매너이고 특히 티샷을 할 때는 최대한 움직이지 않고 소리도 내지 않으며 정숙한다.

1번 홀에 들어서니 멀리서 사냥총 소리가 들렸다. 멧돼지나 꿩을 사냥하는 것이라고 생각했고, 총소리가 작아 골프에 방해가 되지는 않았다. 그런데 홀이 거듭되어 산속으로 들어갈수록 총소리는 산골짜기에 울려서 더욱 증폭되었고, 군대에서 사용하던 소총보다 소리가 굵직하면서 더 컸다.

총소리 발생 장소를 살펴보니 골프장 가장 위쪽 홀 옆에 조그만 과수원이 있었고 과수원 중앙에 주인이 설치한 것으로 보이는 새를 쫓는 인공총이 약 1~2분 간격으로 총소리를 발생시키고 있었다.

나와 친구들이 샷을 하려고 자세를 잡고 있는 순간 총소리가 나서 샷을 망치거나 갑작스런 총소리에 놀라는 경우가 여러 번 있어서 골프에 집중할 수 없었다.

골프장 사장을 욕하는 친구도 있었고, 과수원 주인을 욕하는 친구도 있었다.

"골프장에 손님이 많아 돈을 잘 버는 큰 회사가 양보하고 농부의 토지를 매입해야지…."

"과수원 주인이 얼마나 비싼 가격을 요구했으면 골프장 사장이 토지를 매입하지 않고 있겠나…."

고의적으로 큰 총소리를 내어 사람들을 괴롭게 만드는 과수원 주인이나 이런 심각한 문제를 해결하지 않는 골프장 사장이나 너무하다는 생각이 들었다.

욕 많이 먹으면 오래 산다고 사람들은 농담처럼 얘기한다. 골프장에 오는 사람들마다 두 사람을 욕할 테니 과연 오래 살까? 그들이 오래 살는지는 알 수 없지만 적어도 귀는 간지러울 것 같다.

보고 싶다 친구야

1판 1쇄 인쇄 2024년 10월 11일
1판 1쇄 발행 2024년 10월 15일

저　자 ● 김정식
발행인 ● 송우섭
출판사 ● 모데미풀

출판등록 ● 2022년 2월 8일(제2022-000021호)
주　　소 ● (16873) 경기도 용인시 수지구 정든로22
　　　　　죽전파크빌 901-1201
대표전화 ● 070-8882-8104
전자우편 ● woosubso@naver.com
블 로 그 ● https://blog.naver.com/woosubso

ISBN

* 책값은 뒤표지에 있습니다.
* 잘못 만들어진 책은 구입한 곳에서 교환해 드립니다.
* 책으로 만들고 싶으신 원고가 있다면(지금 써놓은 원고가 없더라도 좋습니다), woosubso@naver.com으로 연락주세요. 당신이 상상하는 책을 만드는 계획에 모데미풀이 함께 하고 싶습니다.